Adelheid Auf'm Kolk

Lesen üben leicht gemacht!

Arbeitsmittel und Spiele für den Erstleseunterricht

Kopiervorlagen

Auer Verlag GmbH

Gedruckt auf umweltbewusst gefertigtem, chlorfrei gebleichtem
und alterungsbeständigem Papier.

4. Auflage. 2000
Nach der Neuregelung der deutschen Rechtschreibung

Satz: Fotosatz Sporer KG, Augsburg
Druck und buchbinderische Verarbeitung: Ludwig Auer GmbH, Donauwörth
JSBN 3-403-0**2143**-2

Jnhaltsverzeichnis

Vorwort

Die vorliegenden Kopiervorlagen enthalten Arbeitsmittel und Spiele für den Erstleseunterricht. Diese sind für das selbstständige Üben der Kinder in Einzel-, Partner- oder Gruppenarbeit gedacht und fibelunabhängig zu verwenden.
Sie können im Rahmen der „Freien Arbeit“ oder bei der Differenzierung und Jndividualisierung innerhalb des Erstleseunterrichts eingesetzt werden.

Mit den Kopiervorlagen soll dem Lehrer eine Hilfe an die Hand gegeben werden, Arbeitsmittel mit einem etwas geringeren Zeitaufwand herzustellen, damit sie vom Schüler möglichst im Sinne selbstverantwortlichen Lernens genutzt werden können.

1. Einsatzmöglichkeiten der Arbeitsmittel und Spiele

1.1 Zur Sicherung fachdidaktischer Ziele

Mit Hilfe der vorliegenden Arbeitsmittel und Spiele sollen wesentliche Ziele des Erstleseunterrichts, nämlich das Beherrschen von Lauten und das Erlesen von Wörtern, gesichert werden. Da im Bereich des akustischen Wahrnehmungsvermögens bei zahlreichen Kindern der 1. Jahrgangsstufe Förderungsbedarf besteht, nehmen die akustischen Differenzierungsübungen bei den angebotenen Materialien einen großen Raum ein.

Bereits ohne Buchstabenkenntnis können mit Hilfe von Bildern Reimwörter herausgehört und zugeordnet werden, was für das Erkennen ähnlicher Klangstrukturen von Bedeutung ist.

Da der Anlaut eines Wortes am leichtesten herauszuhören ist, sollen in spielerischer Form Abbildungen auf Grund ihres gleichen Anfangslautes geordnet werden (Quartett, Memory).

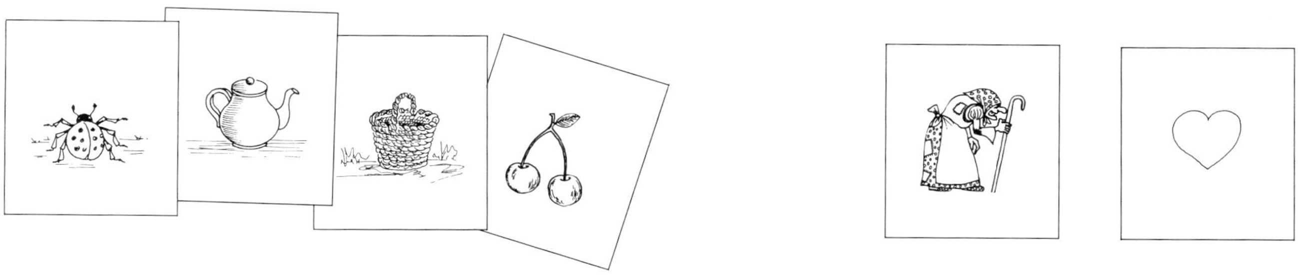

Bei der Sicherung analysierter Laute treten frühzeitig Leistungsunterschiede hervor. Für die Differenzierung eignen sich Arbeitsmittel zur Sicherung der erarbeiteten Laute.

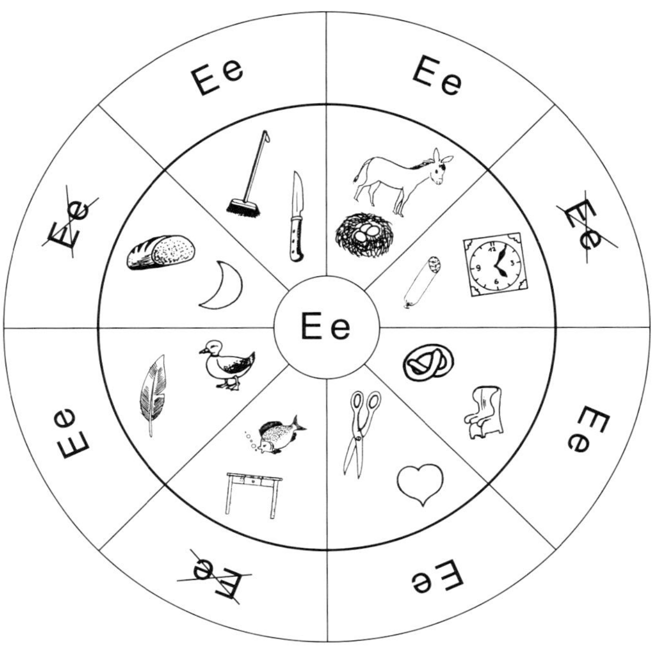

Die Randsegmente werden abgeschnitten und dann den entsprechenden Feldern zugeordnet.

Zu einer weiteren Sensibilisierung des akustischen Wahrnehmungsvermögens führt das Heraushören des Stellungslautes. Jn Spielform kann dies geübt werden:

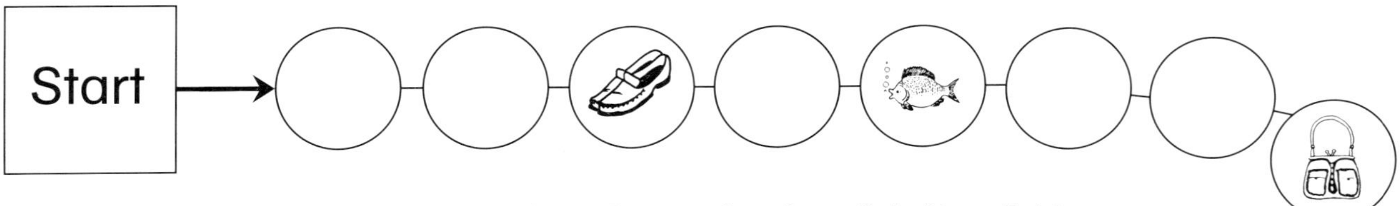

Hörst du ein Sch– am Wortanfang, gehe einen Schritt zurück!
Hörst du ein –sch– in der Mitte des Wortes, setze einmal mit Würfeln aus!
Hörst du ein –sch am Wortende, rücke ein Feld vor!

Noch schwerer fällt das akustische Unterscheiden ähnlicher Laute, wie „m“ und „n“, „b“ und „p“, „g“ und „k“ u. a. Mehrere Arbeitsmittel und Spiele tragen diesem Anliegen Rechnung.

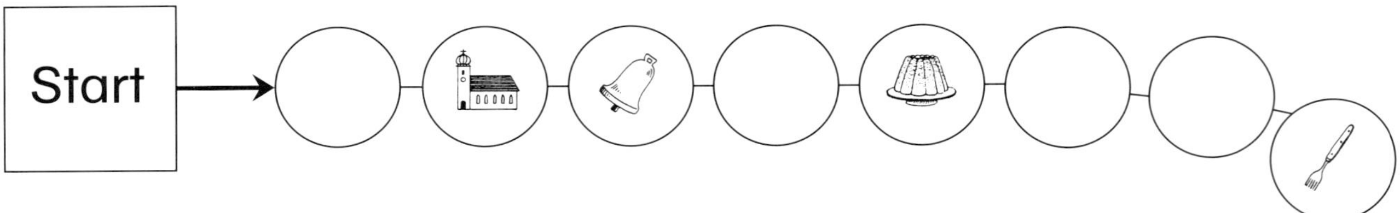

Hörst du am Wortanfang ein K–, rücke **zwei** Felder vor!
Hörst du am Wortanfang ein G–, gehe einen Schritt weiter!

Jn Spielform werden ferner die schwierigen Lautnuancenunterschiede der Vokale innerhalb von Wörtern angeboten:

Hörst du ein langes O o, setze einmal mit Würfeln aus!
Hörst du ein kurzes o, gehe einen Schritt weiter!

Je intensiver die akustischen Übungen erfolgen, desto leichter fällt den Kindern die Wiederherstellung der Klanggestalt eines Wortes beim (synthetischen) Zusammenlesen der Laute. Zahlreiche Arbeitsmittel unterstützen die Synthese, so der „Lesefächer“, Wortpuzzles und spielerische Aufbauübungen.

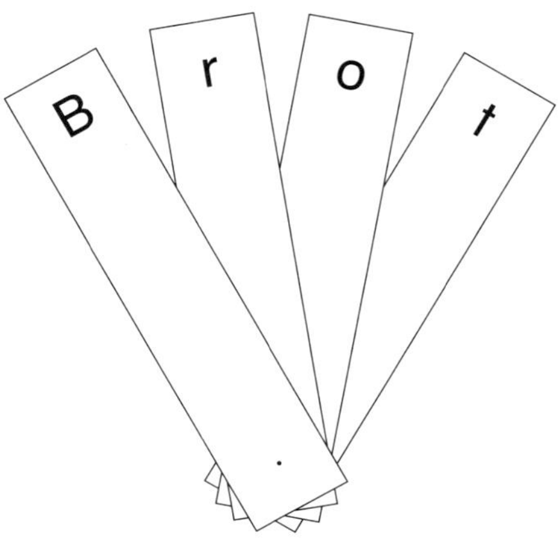

Bei den Arbeitsmitteln zur Synthese ist **immer** die Analyse der verwendeten Buchstaben und Laute Voraussetzung. Die Materialien sind daher stets auf den klassen- und schülerspezifischen „Lesestand" abzustimmen.

Das Erlesen von kürzeren und längeren Wörtern wird durch zahlreiche Wort-Bild-Zuordnungen wie Worthäuser, Domino, Lesescheiben u. a. angeregt, wobei die Bilder einen Sinnbezug darstellen.

Ein Spiel mit genauen Anweisungen, gezielte Malaufträge, die sich in Streichholzschachteln befinden, sowie Arbeitskarten mit Auswahlantworten fordern zum genauen sinnerfassenden Lesen von Sätzen auf.

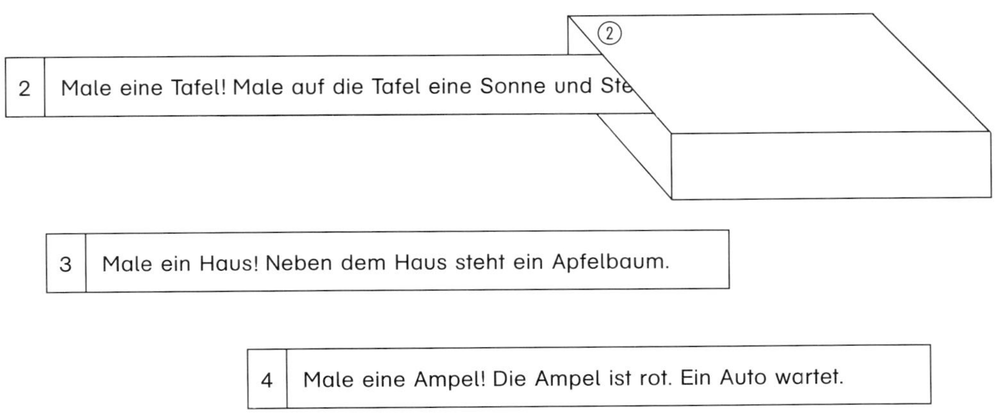

1.2 Zur Unterstützung pädagogischer Ziele

Selbsttätiger Umgang mit Arbeitsmitteln fördert die Selbstständigkeit. Da die meisten Materialien die Möglichkeit der Selbstkontrolle in Form der ursprünglichen Kopiervorlage haben, kann ein Kind selbst den Erfolg seiner Arbeit überprüfen.
Arbeitsmittel regen zum handelnden Lernen an, sie aktivieren die Schüler und motivieren sie wesentlich stärker als frontale Lehrverfahren.
Spielformen kompensieren etwas den kognitiven Anspruch des Erstleseunterrichts. Der emotionale Bereich der Kinder wird hierbei angesprochen, was zu einer Entspannung führt und neue Kräfte freisetzt.
Bei den Spielen wird der soziale Bezug zu den Mitschülern hergestellt. Die Würfelspiele sollten zu viert gespielt werden. Mitspieler sind überdies gute „Überwacher“ der einzuhaltenden Spielregeln. Der „Mitlerneffekt“ in der Kleingruppe hilft überdies scheueren Schülern.

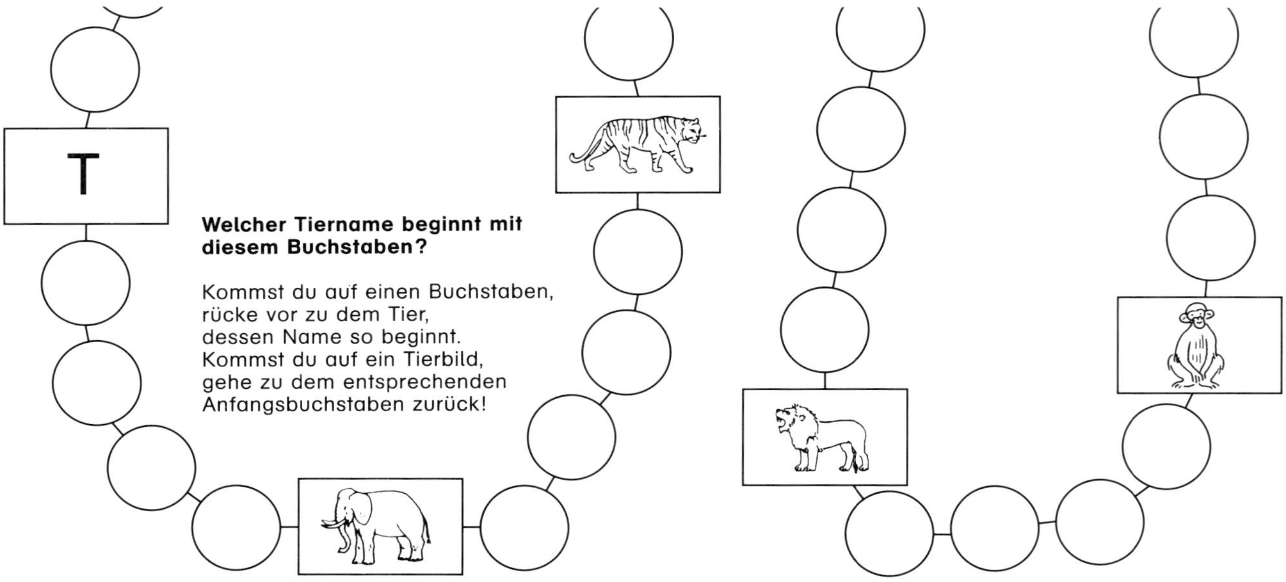

Für eine sinnvolle Partnerarbeit eignen sich die „Drehscheiben“. Abwechselnd erliest ein Schüler das Wort und der Nachbar kontrolliert anhand des Bildes auf der Rückseite.

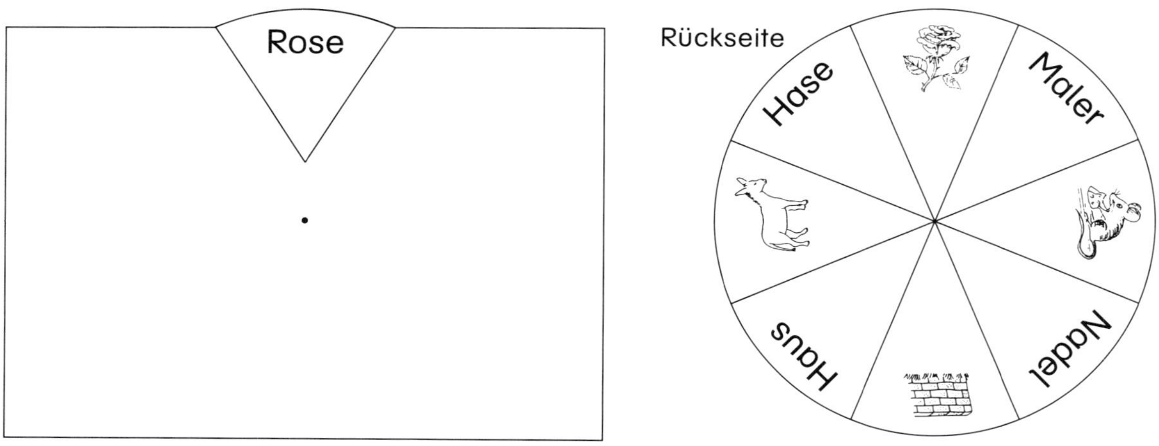

Es ist ein pädagogisches Anliegen, die Kinder gemäß ihren unterschiedlichen Lernvoraussetzungen individuell zu fördern. Der Einsatz von Arbeitsmitteln und Spielen kann einen Beitrag zur Erfüllung dieses Anspruchs leisten. Freie Arbeit mit Differenzierungsmaterialien sowie Stationentraining mit verschiedenen Übungen zur Förderung der akustischen Wahrnehmungsfähigkeit sind beispielsweise Möglichkeiten zu einer stärker auf das Kind eingehenden Unterrichtsform.

> „Erzähle mir und ich vergesse.
> Zeige mir und ich erinnere.
> Lass es mich tun und ich verstehe.“
>
> Konfuzius

2. Hinweise zu den angebotenen Materialien

2.1 Häuser

Das „Zusammenbauen“ der Häuser ist für Kinder der 1. Jahrgangsstufe sehr motivierend. Es ist günstig, die Kopiervorlagen auf farbigem Papier abzulichten. Man kann auch Hausunterbau und Dach in verschiedenen Farben kopieren.
Die Verwendung von Häusern erfolgt bei der Zuordnung von Reimwörtern, von Anfangslaut und entsprechendem Bild, von Anfangssilbe und Bild, von Wort und Bild, von „Wortruine“ und fehlendem Laut.
Als Kontrolle dienen die nummerierten Häuser auf der Kopiervorlage.

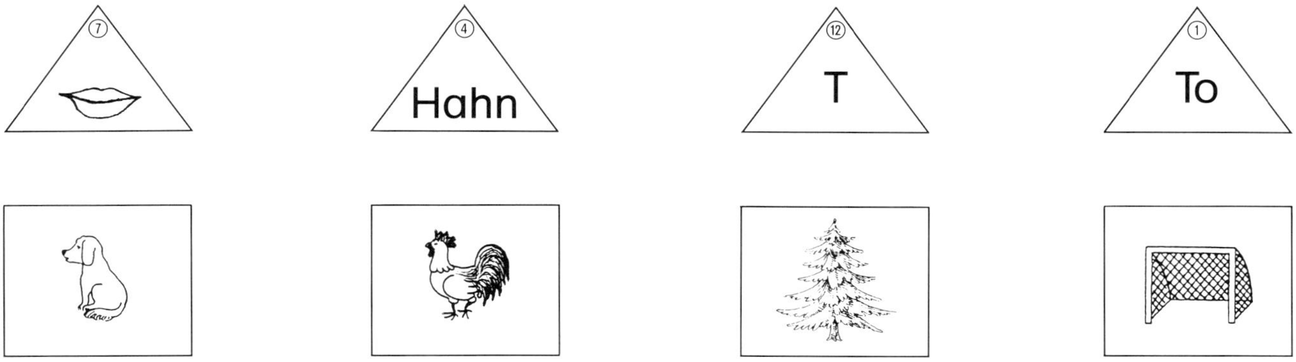

2.2 Domino

Der Sinn des Dominospiels liegt darin, dass zur zweiten Hälfte des „Bausteins“ eine passende Hälfte des neuen „Bausteins“ angelegt werden muss. Bei richtigem Anlegen müsste der Anfangsstein Ⓐ an den Endstein Ⓔ angelegt werden können.
Domino lässt sich allein, mit dem Partner oder in einer Kleingruppe spielen. Bei den Kopiervorlagen gibt es Dominospiele mit bildich dargestellten Reimwörtern als rein akustische Übungsmöglichkeit, mit Anfangslaut und Bild, mit Wort und Bild sowie mit zu erlesenden Reimwörtern.

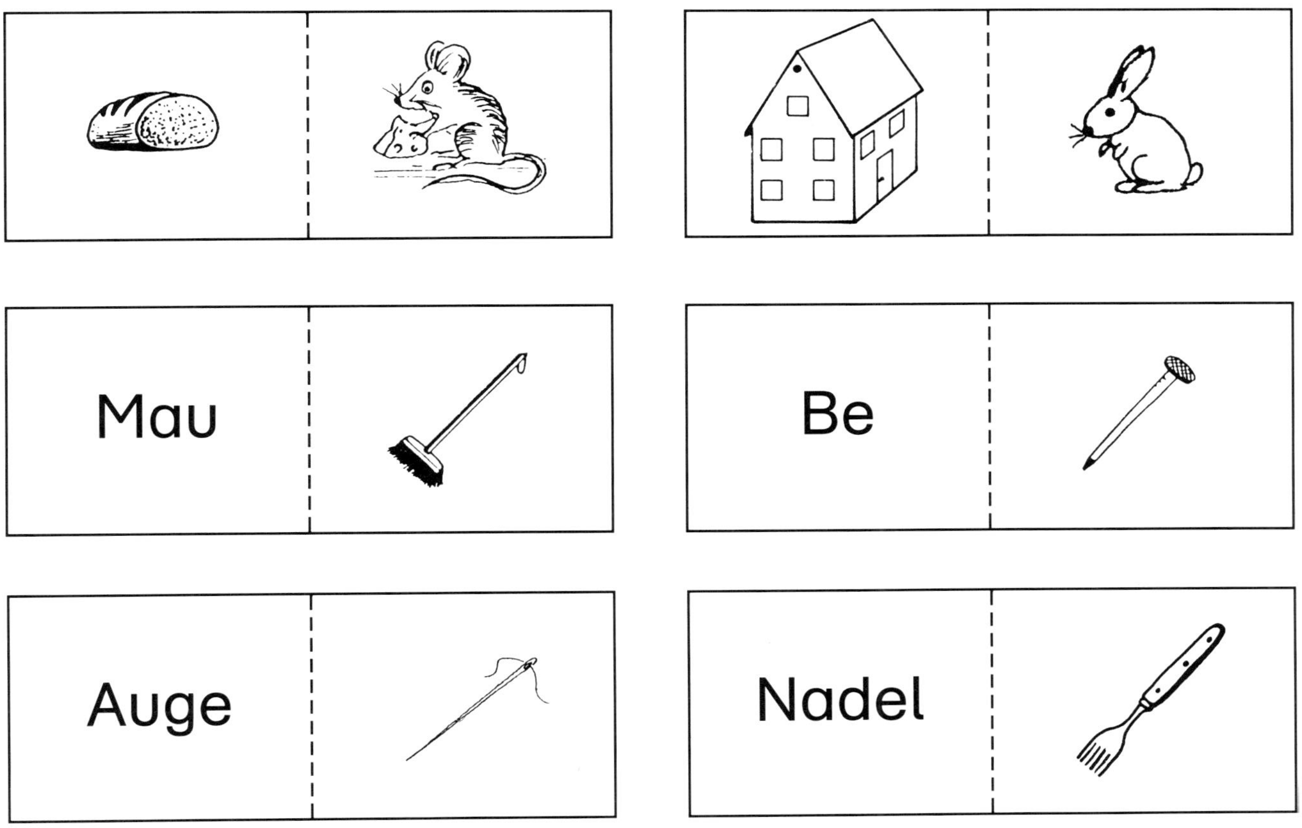

2.3 Memory

Memory wird von Kindern gern gespielt, da sie ihre Merkfähigkeit unter Beweis stellen möchten. Die Memorykarten werden verdeckt auf den Tisch gelegt. Jmmer zwei passende Karten bilden ein Paar. Wer ein Paar gemeinsam aufgedeckt hat, darf es bis zum Spielende behalten. Sieger ist, wer dann die meisten Kartenpaare hat.
Die Kopiervorlagen enthalten ein Reimwörter-Memory, ein Anfangslaut-Bild-Memory und ein Bild-Wort-Memory.

2.4 Quartett

Bei einem Quartettspiel müssen vier zusammengehörige Karten gesammelt, getauscht oder erfragt werden.
Bei den Kopiervorlagen gibt es zwei „Anlaut-Quartettspiele“. Während beim ersten die vier Gegenstände nur bildlich dargestellt sind und auf ihren gleichen Anfangslaut akustisch überprüft werden, müssen beim anderen Quartettspiel die Begriffe erlesen werden.
Als Spielregel eignet sich beim Bilder-Quartett der Tausch:
Drei Kinder benötigen vier Quartette, so dass jedes Kind fünf Karten hat. Jm Uhrzeigersinn wird eine Karte abgegeben und anschließend im Gegenzug eine andere entgegengenommen. Wer zuerst ein Anlaut-Quartett hat, ist Sieger.
Beim Anlaut-Wörter-Quartett kann dieselbe Spielweise praktiziert werden. Da nun aber auch lesetechnische Fähigkeiten angewendet werden können, lassen sich die Quartette durch Abfragen sammeln: ..., ich möchte gern die Karte mit dem Wort Blume (oder kürzer: Jch möchte gern die Blume!).

2.5 Puzzle

Es liegt ein Reiz darin, aus Einzelteilen ein Ganzes zu machen. Das Puzzle erfüllt dieses Bedürfnis. Es gibt verschiedene Verwendungsmöglichkeiten. Für die Sicherung der Vokale wurde ein Kreis-Puzzle gewählt. Die Abbildungen in den einzelnen Kreissegmenten müssen auf den vorgegebenen Laut in der Kreismitte abgehört werden. Jst der Laut zu hören, wird ein äußerer Teil des Kreises mit dem Laut angelegt, ist er nicht zu hören, wird der durchgestrichene Laut genommen.

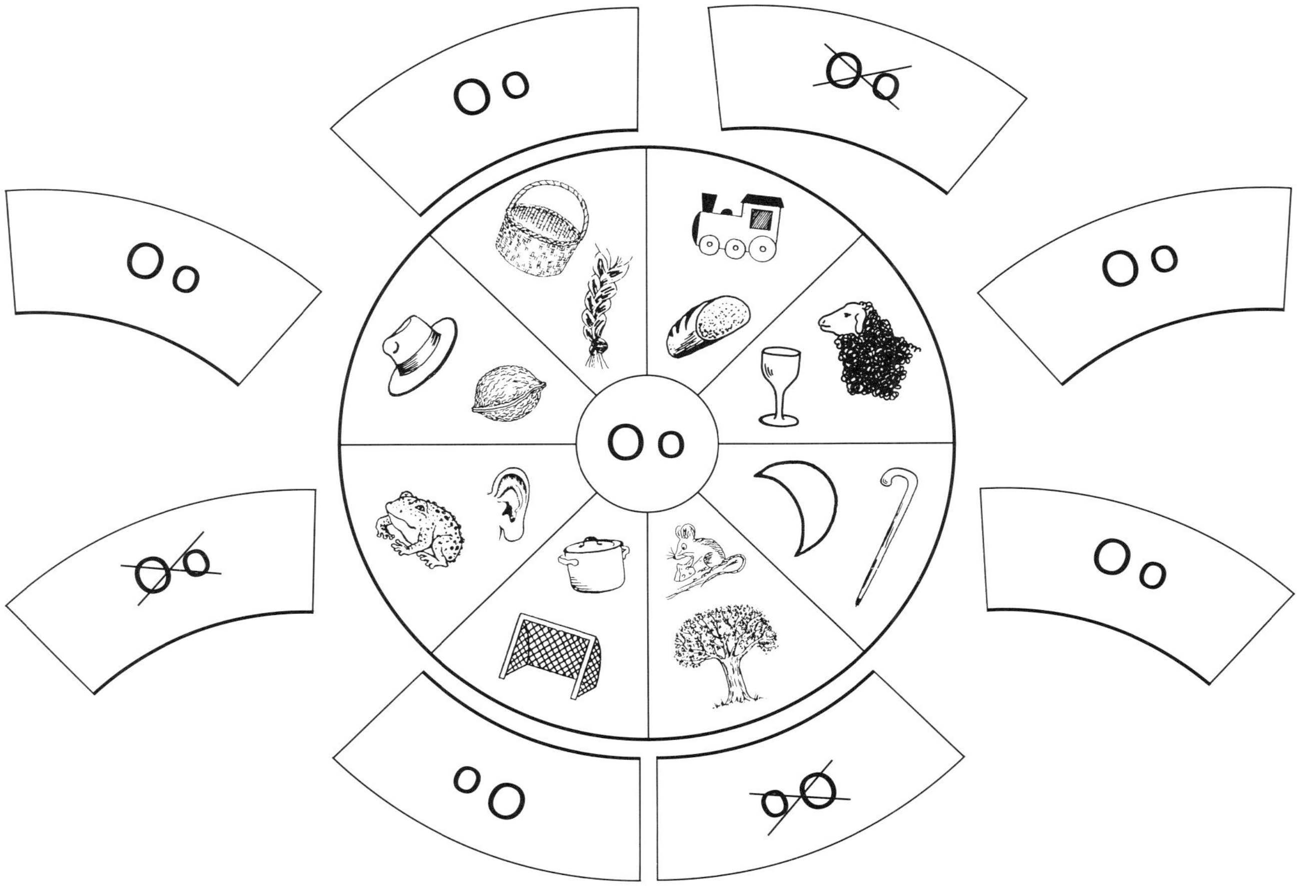

Die Kopiervorlage kann anschließend als Kontrollblatt dem Schüler an die Hand gegeben werden. Eine Erschwernis stellt die Zuordnung verschiedener Laute zu den entsprechenden Bildern dar.

Eine andere Art des Puzzles ist das Zusammenfügen von Buchstaben zu Wörtern. Jn den Kopiervorlagen wird ein „Tier-Puzzle“ angeboten. Bei richtiger Anordnung der Buchstaben ergibt die Rückseite das Bild des entsprechenden Tieres. Hierbei muss jedoch beachtet werden, dass jeder Buchstabe nur einmal vorkommt, da sonst nicht immer das zum Wort gehörige Tierbild entsteht!

Bei der Herstellung des Puzzles zuerst die Vorder- auf die Rückseite kleben, dann erst das Wort zerschneiden!

Rückseite (Kontrolle) Vorderseite

2.6 Bildkärtchen

Zur akustischen Unterscheidung ähnlicher Laute am Wortanfang bieten die Kopiervorlagen Bildkärtchen an, die den ähnlich klingenden Lauten wie „M“ und „N“, „B“ und „P“ u. a. zuzuordnen sind. Als Kontrolle dienen die auf der **Rückseite** der Bilder stehenden Wörter, wobei der Anfangslaut gekennzeichnet ist. Das Arbeitsmittel kann bei der Analyse (akustische Sicherung der „Verwechslungslaute“) und bei der Synthese (Erlesen von Wörtern mit ähnlichem Anlaut) eingesetzt werden.

B	Rückseite ↓
	**B**rot
	**B**irne

P	Rückseite ↓
	**P**antoffel
	**P**uppe

2.7 Würfelspiele

Mehrere Würfelspiele dienen der gezielten akustischen Sicherung von Lauten. Die fachdidaktische Zielsetzung wurde unter 1.1 anhand von Beispielen erläutert. Diese Spiele eignen sich gut für kleine Schülergruppen (vier bis fünf Schüler). Mit Hilfe der heutigen Kopiergeräte lassen sich die Spielvorlagen auch auf das Format DJN A 3 vergrößern!
Auf Einhaltung der Spielregeln ist zu achten. Jndividuelle Lehrerhilfe am Anfang hat sich bewährt.

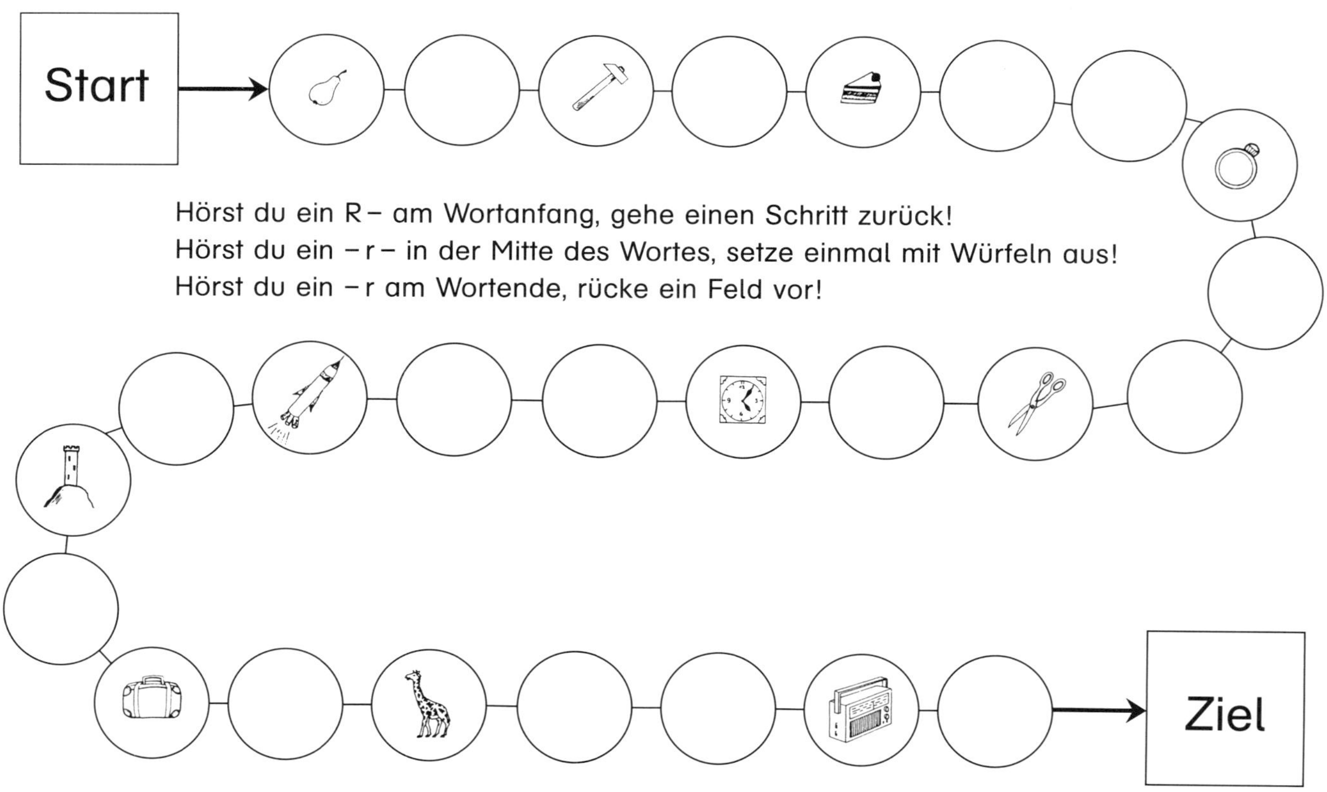

Hörst du ein R– am Wortanfang, gehe einen Schritt zurück!
Hörst du ein –r– in der Mitte des Wortes, setze einmal mit Würfeln aus!
Hörst du ein –r am Wortende, rücke ein Feld vor!

Eine Variation stellt die nachfolgende Spielform dar, bei der vom Anfangslaut oder vom Wort zum entsprechenden Bild und umgekehrt gehüpft wird, falls der Spieler auf eines dieser Felder kommt.

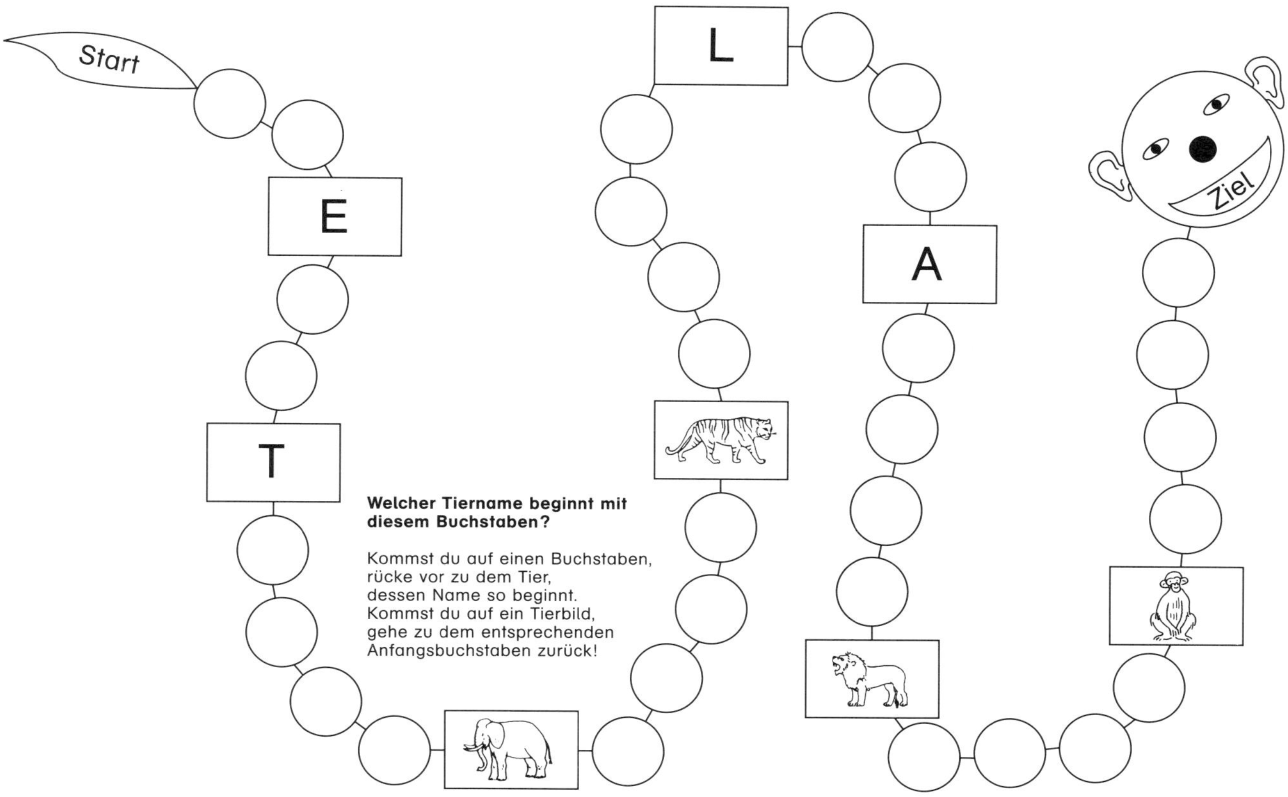

Auf einem „Wanderspiel" bestimmen die schriftlich gegebenen kurzen Anweisungen den Verlauf vom Start zum Ziel (vgl. auch unter 1.2).

2.8 Lotto

Bei den in den Kopiervorlagen angebotenen Lotto-Arten müssen Buchstaben oder Silben in freie Felder zu entsprechenden Bildern zugeordnet werden.
Sowohl die Vorlage als auch die Buchstaben und Silben sollten zuerst auf einen dünnen Karton geklebt und anschließend ausgeschnitten werden.
Die Kopiervorlage mit den Wörtern und richtig angeordneten Buchstaben oder Silben kann zur Selbstkontrolle eingesetzt werden.
Als Schutz kann die Vorlage auch mit durchsichtiger Folie bezogen werden (evtl. nachdem die Bilder von Schülern mit Holzfarbstiften angemalt wurden).

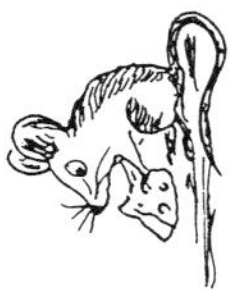			
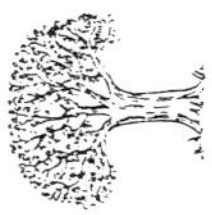			

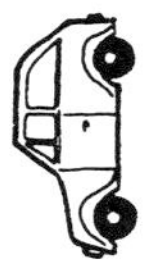			

Maus	M	au	s
Baum	B	au	m
Haus	H	au	s
Auto	Au	t	o

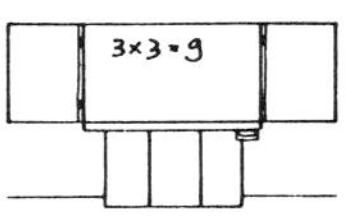		

So	fa
Ro	se
Tor	te
Man	tel
Ta	fel

Sofa
Rose
Torte
Mantel
Tafel

Als Vorübung für die Arbeit mit Silben läßt sich das Tiersilbenpuzzle verwenden. Die möglichen „Unsinnwörter“ bieten einen starken Leseanreiz!

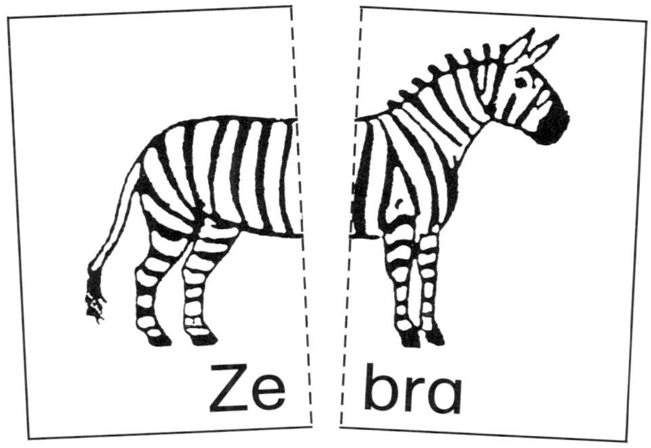

2.9 Lesefächer

Für den Einsatz bei der Synthese wurde unter 1.2 bereits der Lesefächer vorgestellt. Die Streifen werden auf dünnen Karton geklebt und mit einer „Hefttaschenklammer“ ⪡ verbunden. Zur Überprüfung des Sinnverständnisses soll das passende Bild zum Fächer gelegt werden. Die Kopiervorlage ist mit entsprechenden Ziffern versehen und kann somit als Selbstkontrolle dienen. Eine Variation besteht darin, mehr Buchstaben zu einem Fächer zusammenfassen als zu einem sinnvollen Wort gehören. Die „falschen“ Buchstaben müssen dann mit den anderen Fächerteilen zugedeckt werden.

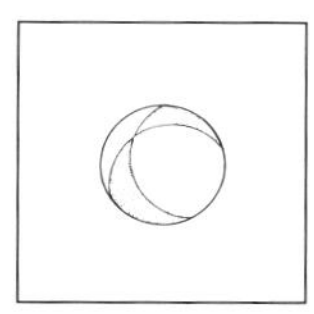

①

2.10 Lesescheibe

Die unter 1.2 bereits vorgestellte Lesescheibe sollte in Partnerarbeit eingesetzt werden. Die Hülle kann mit Hilfe der Kopiervorlage aus einer Karteikarte (Format DJN A 4, in der Mitte gefaltet) hergestellt werden. Die einzelnen Scheiben haben eine Vorder- und eine Rückseite, die so aufeinander geklebt sein müssen, dass auf der Rückseite des Wortes das entsprechende Bild zu sehen ist. Die Drehscheibe wird in die Tasche geschoben und mit einer Hefttaschenklammer (s. o.) verbunden.
Wenn bei Schüler A das Wort Nadel erscheint und erlesen werden muss, kontrolliert der gegenübersitzende Schüler B die Leseleistung mit Hilfe des gleichzeitig sichtbaren Bildes.

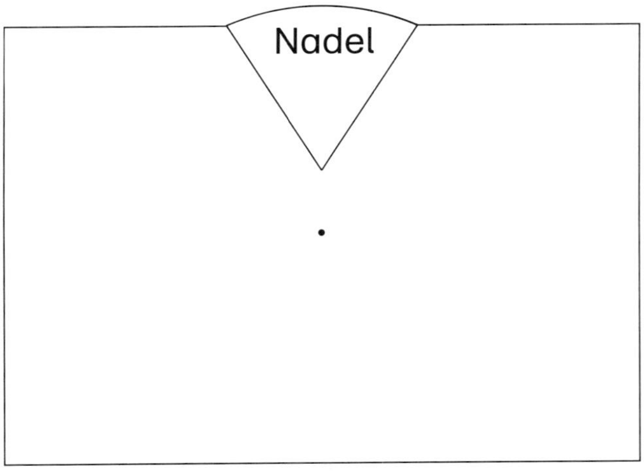

Vorderseite

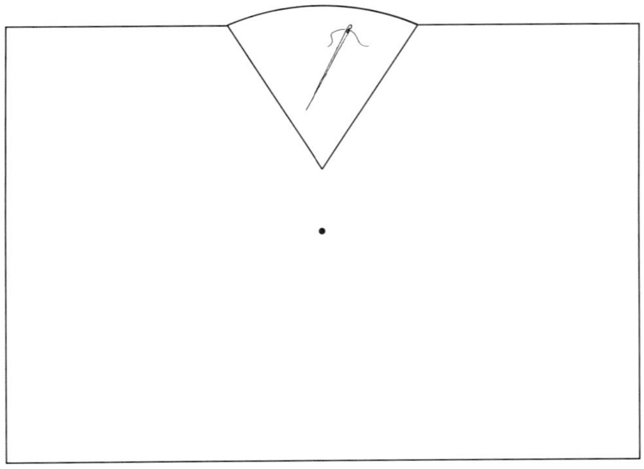

Rückseite

2.11 „Platzhalter"-Karten

Auf Karten sind Abbildungen mit den entsprechenden Wörtern, die aber eine Buchstabenlücke aufweisen. Durch Erlesen und Wiederherstellen der Lautstruktur des Wortes müssen die Kinder den fehlenden Laut hören und auf einer Wäscheklammer suchen. Diese wird von oben auf die Lücke geklammert.

Mit Hilfe der „Kontrollblätter" ist eine selbständige Überprüfung der Ergebnisse möglich.

2.12 „Drehscheiben“

Die beiden Kreise werden auf dünnen Karton aufgeklebt. Bei der oberen Scheibe muss der aufgezeichnete Ausschnitt entfernt werden. Die beiden Teile werden in der Mitte mit einer Hefttaschenklammer zusammengehalten. Durch Drehen können Wörter erlesen und gleichzeitig schwierige Konsonantenverbindungen oder häufige Signalgruppen eingeschliffen werden. Jn Partnerarbeit eingesetzt dreht ein Schüler, der andere liest das Wort, dann erfolgt ein Wechsel.

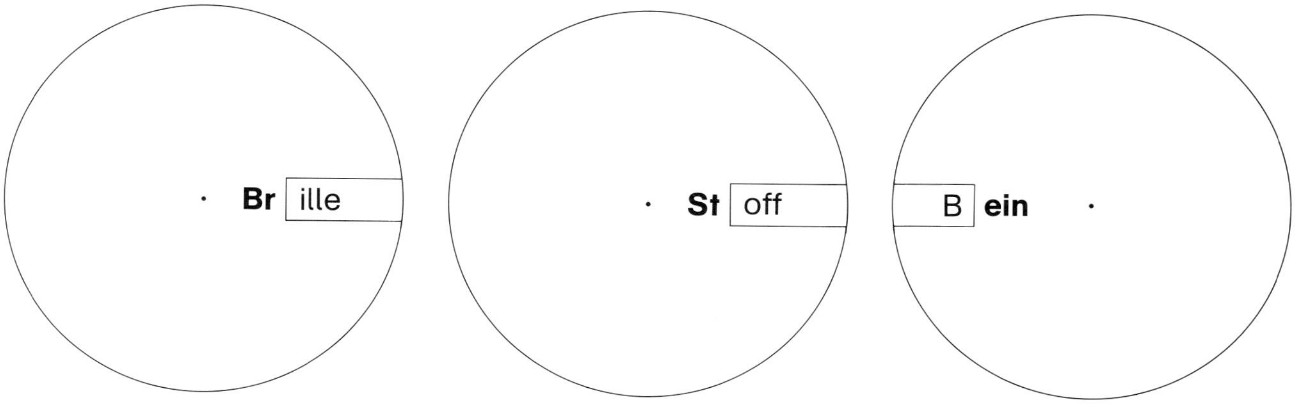

2.13 Malaufträge

Zum Erlesen von Sätzen werden Streifen verwendet, die aufgerollt in einer Streichholzschachtel liegen. Beim langsamen Herausziehen wird der Satz erlesen und anschließend gemalt. Die Ziffer muss dazugeschrieben werden, um dem Lehrer in diesem Falle die Kontrolle zu erleichtern (vgl. auch Abbildung unter 1.1!).

2.14 Karteikarten

Einige Beispiele in den Kopiervorlagen zeigen die Möglichkeit, Karteikarten für die Differenzierung und Jndividualisierung einzusetzen. Damit die Karten zum Ankreuzen mehrmals verwendet werden können, empfiehlt sich der Bezug mit durchsichtiger Folie. Preiswerter ist die Verwendung von Rezepthüllen, in die genau eine Karteikarte DJN A 5 passt. Mit wasserlöslichen Stiften beschriftet lassen sich die bezogenen Karten oder die Rezepthüllen gut säubern.
Wenn an einer Schule sehr viele Karteikarten hergestellt werden, lohnt sich u. U. auch die Anschaffung eines „Folienkaschiergerätes“, mit dessen Hilfe die Karten beidseitig mit Folien „eingeschweißt“ werden.

3.1.1 Reimwort-Häuser

3.1.2 Reimwort-Domino

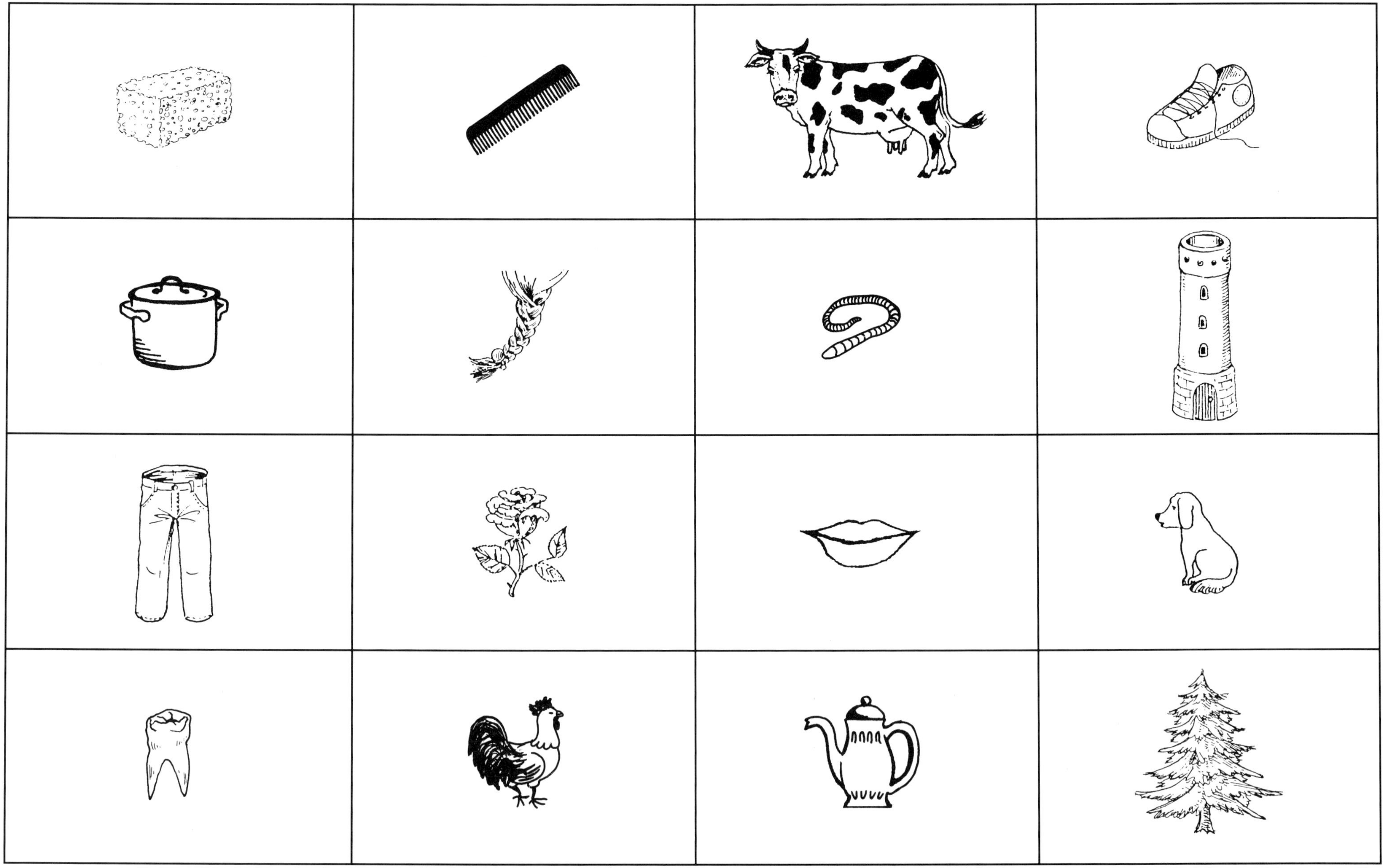

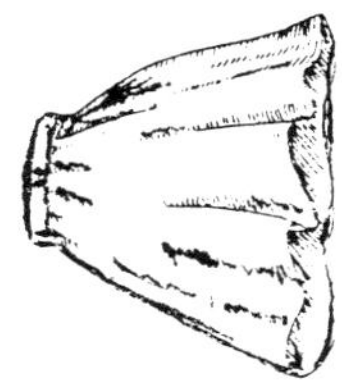
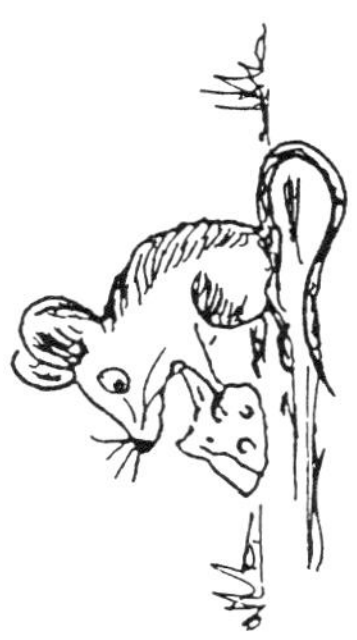
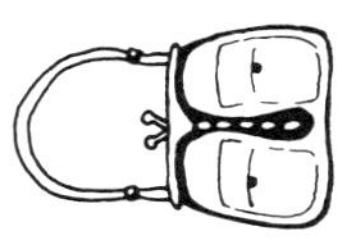

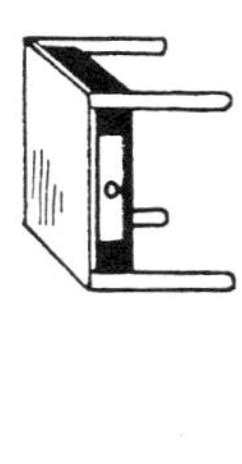
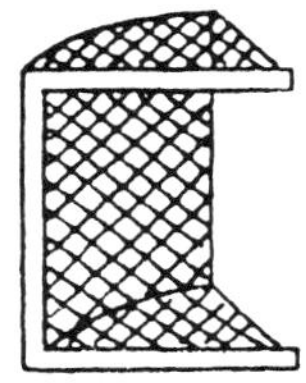

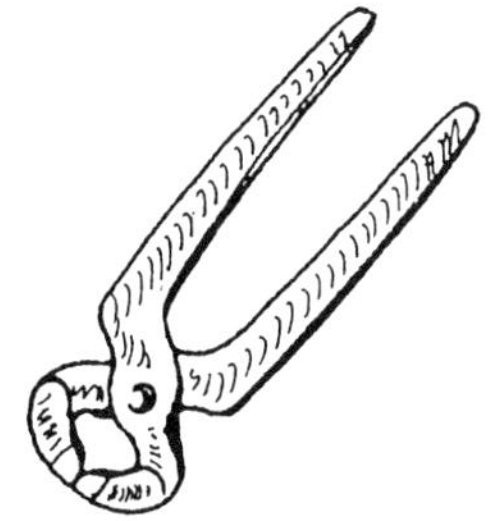
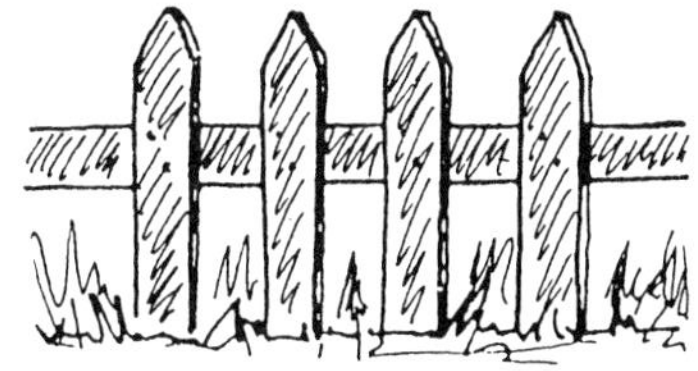

3.1.5 Anlaut-Quartett

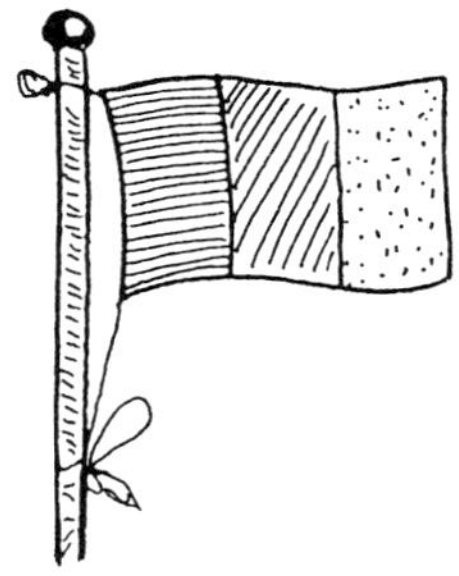

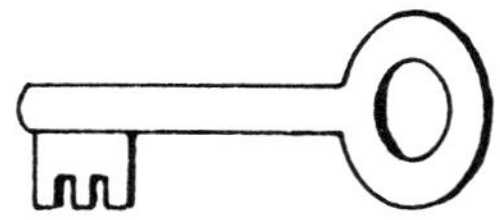

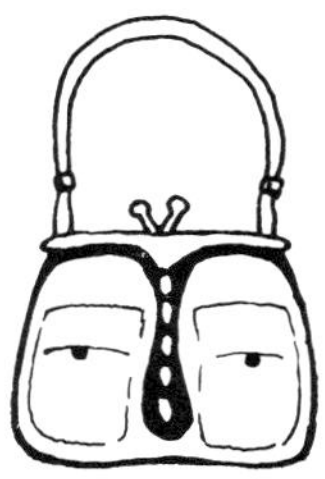

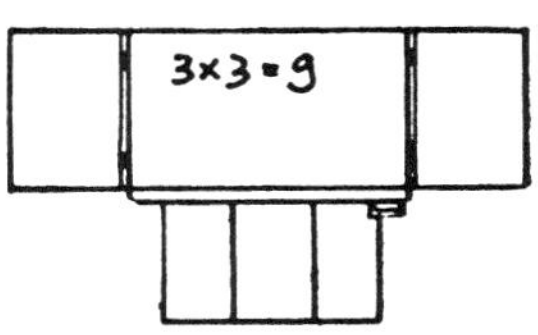
3x3=9
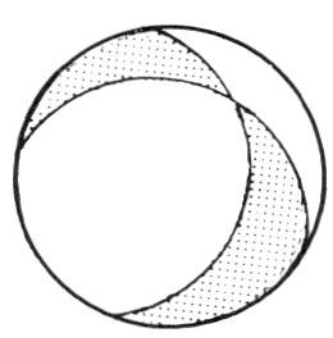

1	2	3	4
H	J	K	E

5	6	7	8
S	F	M	O
		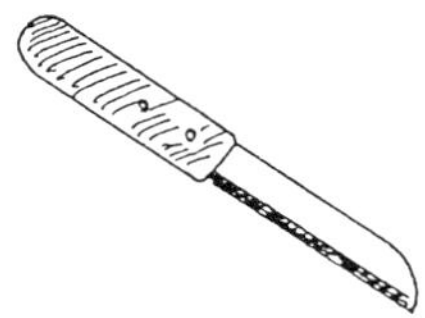	
9	10	11	12
U	R	L	T

13	14	15	16
A	B	W	N

3.2.2 Anlaut-Domino

Ⓐ 	M		B
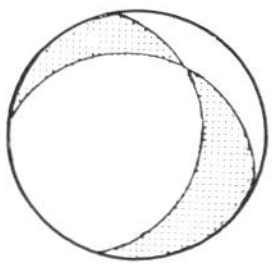	F		D
	E		Sch
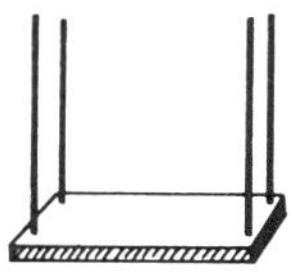	G		R
	L		W
	H		P
	Z		T
	A		Ⓔ K

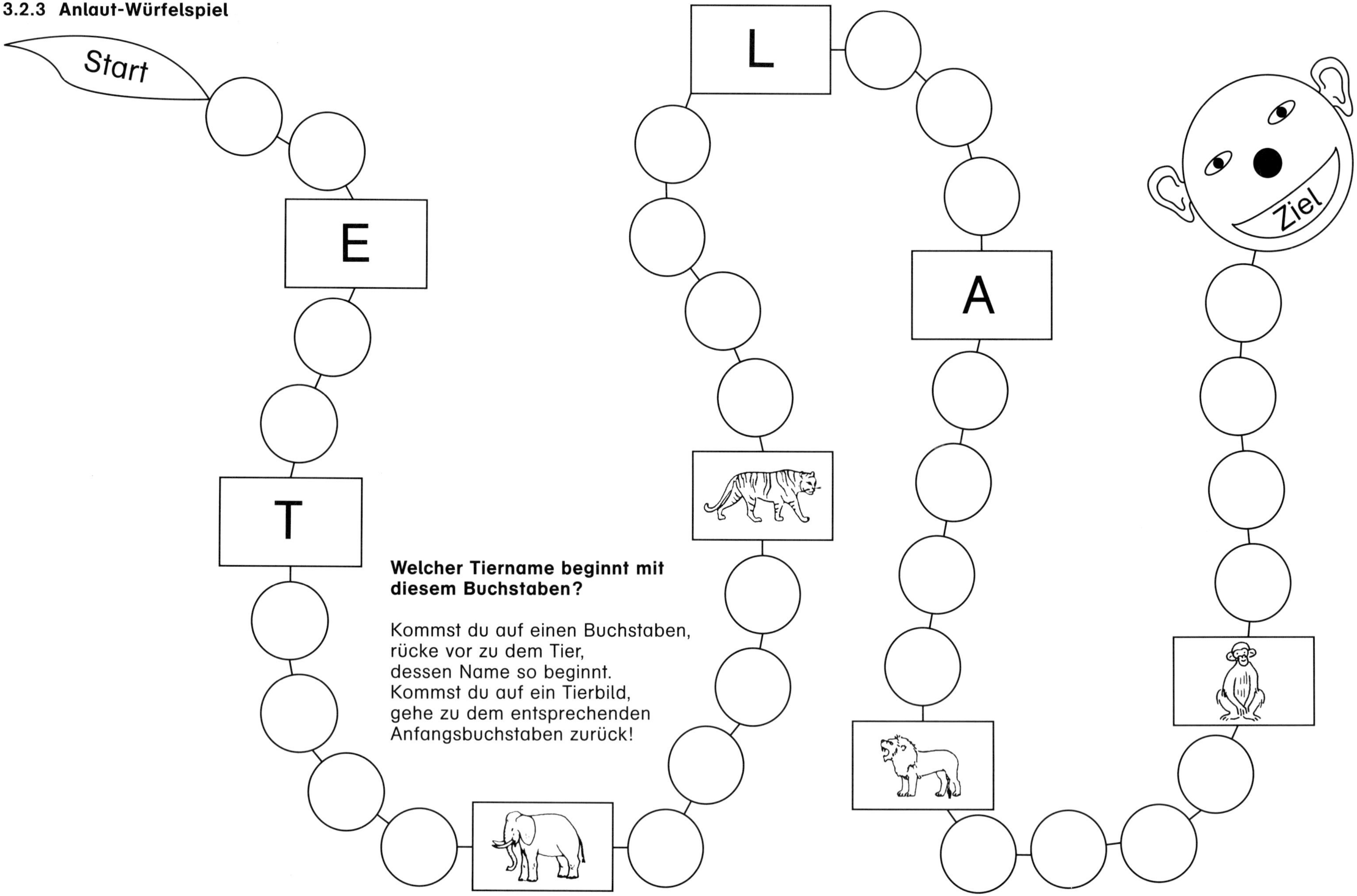

Welcher Tiername beginnt mit diesem Buchstaben?

Kommst du auf einen Buchstaben, rücke vor zu dem Tier, dessen Name so beginnt. Kommst du auf ein Tierbild, gehe zu dem entsprechenden Anfangsbuchstaben zurück!

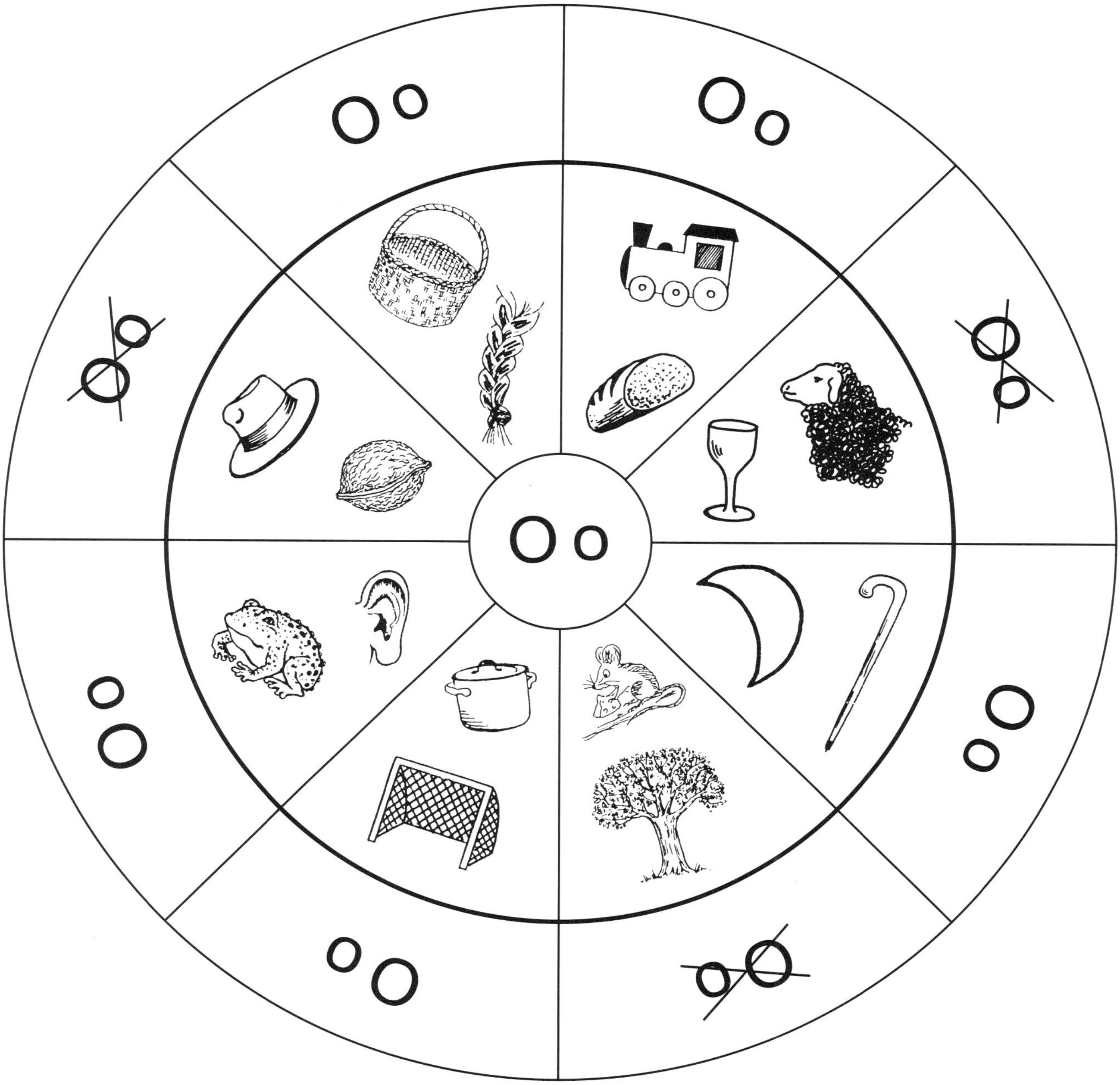
O o
O o
O o
O o
O o
O o
O o
O o
O o

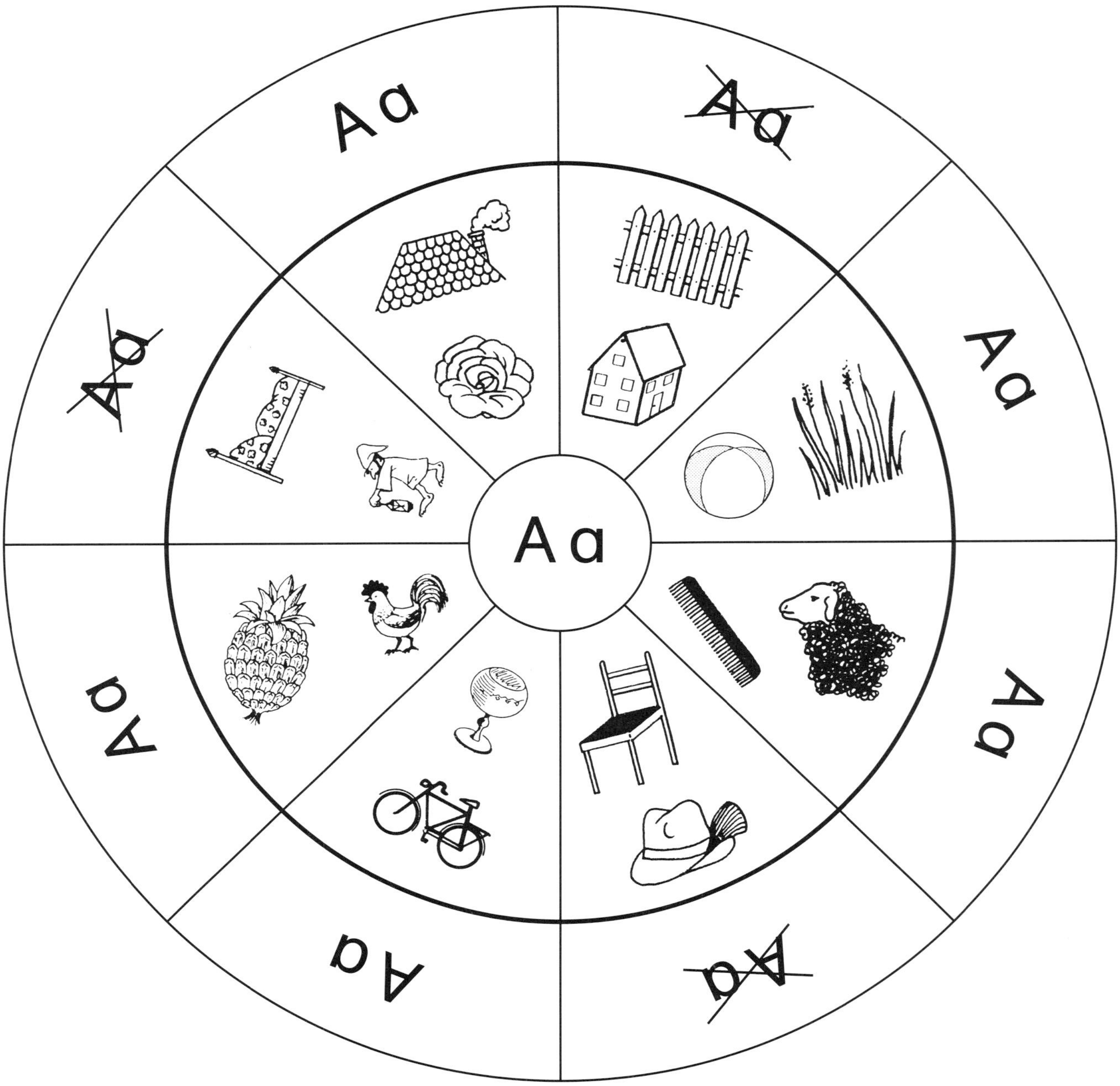
Aa
Aa
Aa
Aa
Aa
Aa
Aa
Aa
Aa

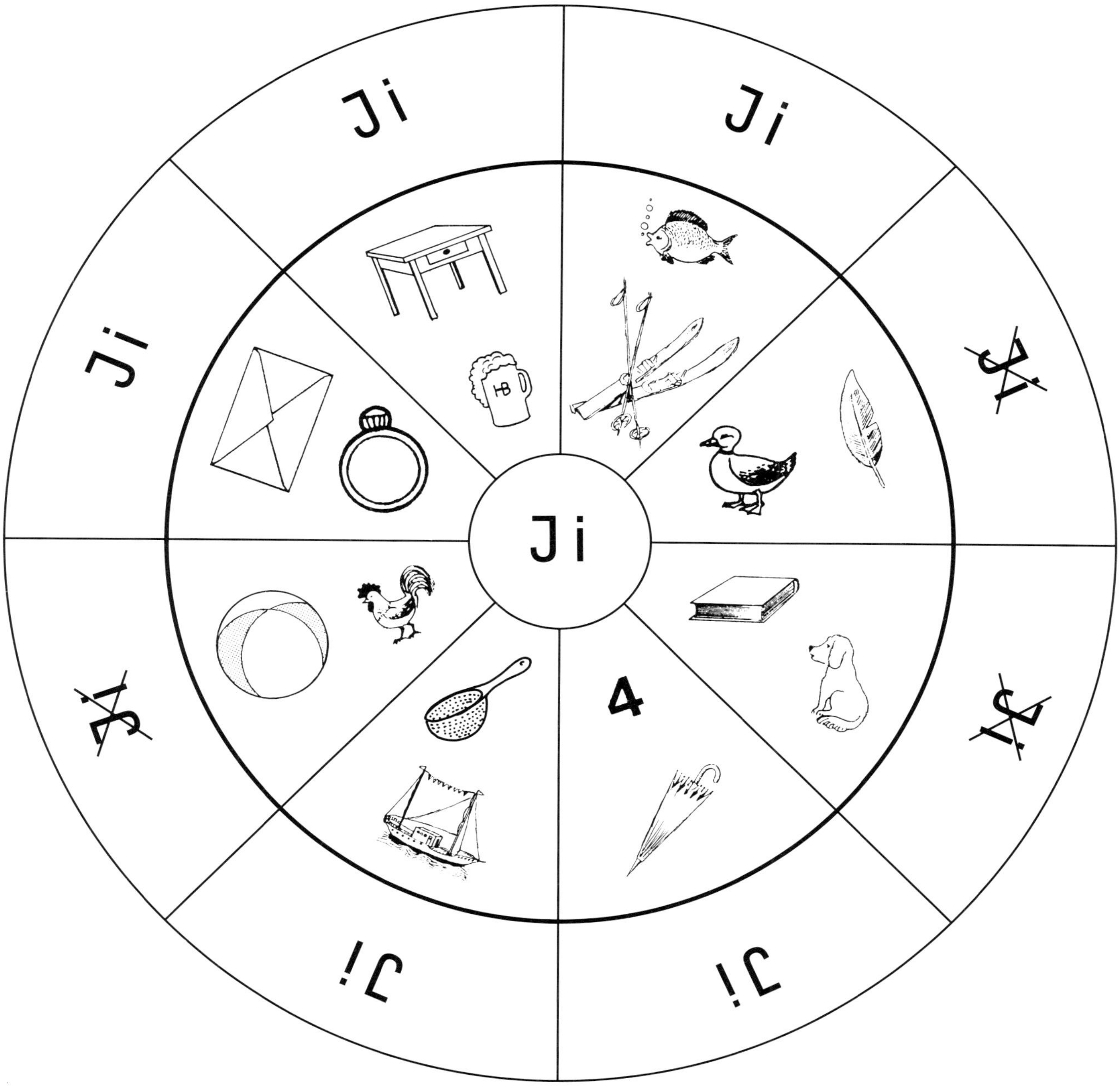
Ji
Ji
Ji
Ji
4

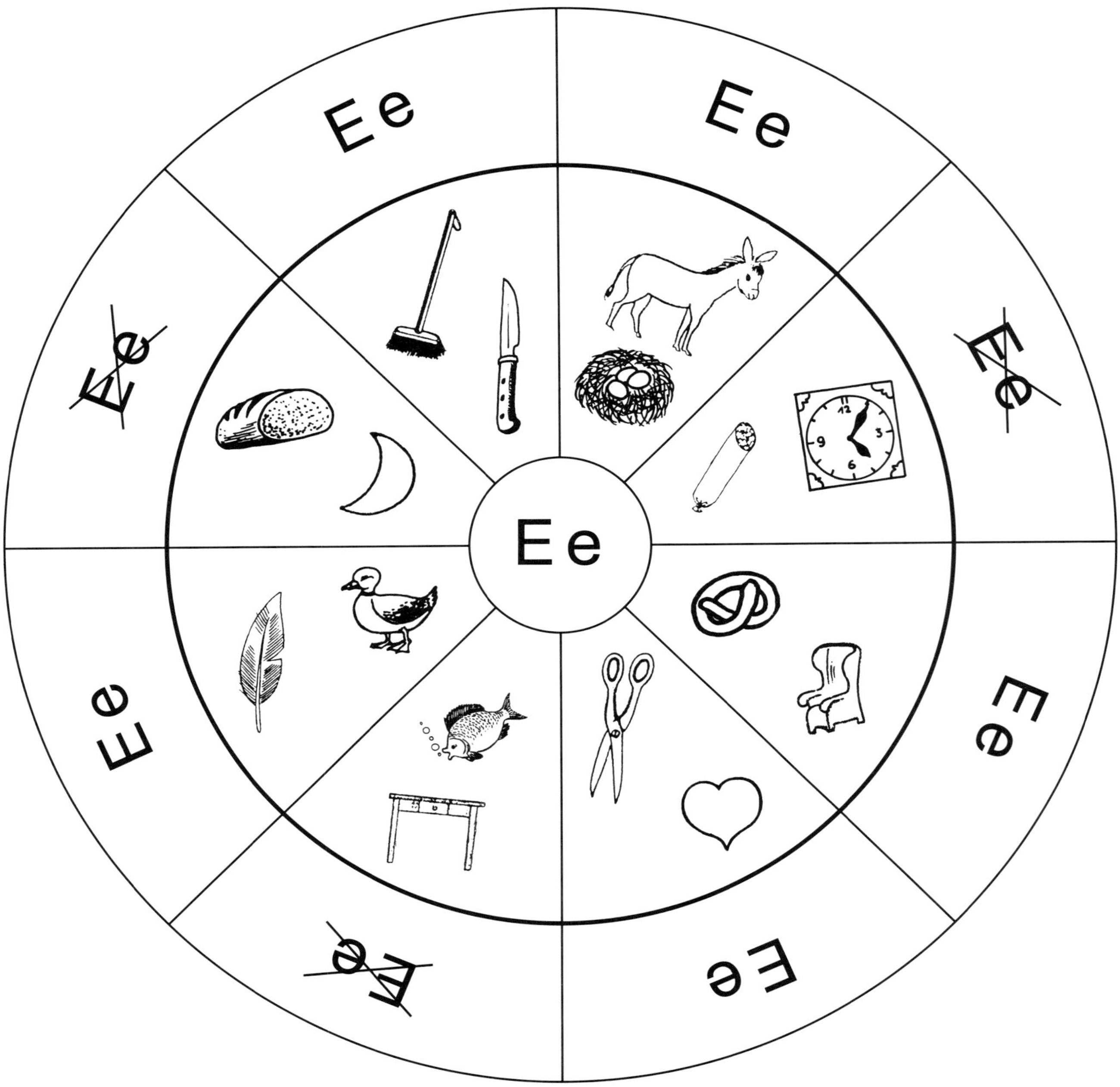
Ee
Ee
Ee
Ee
Ee
Ee
Ee
Ee
Ee

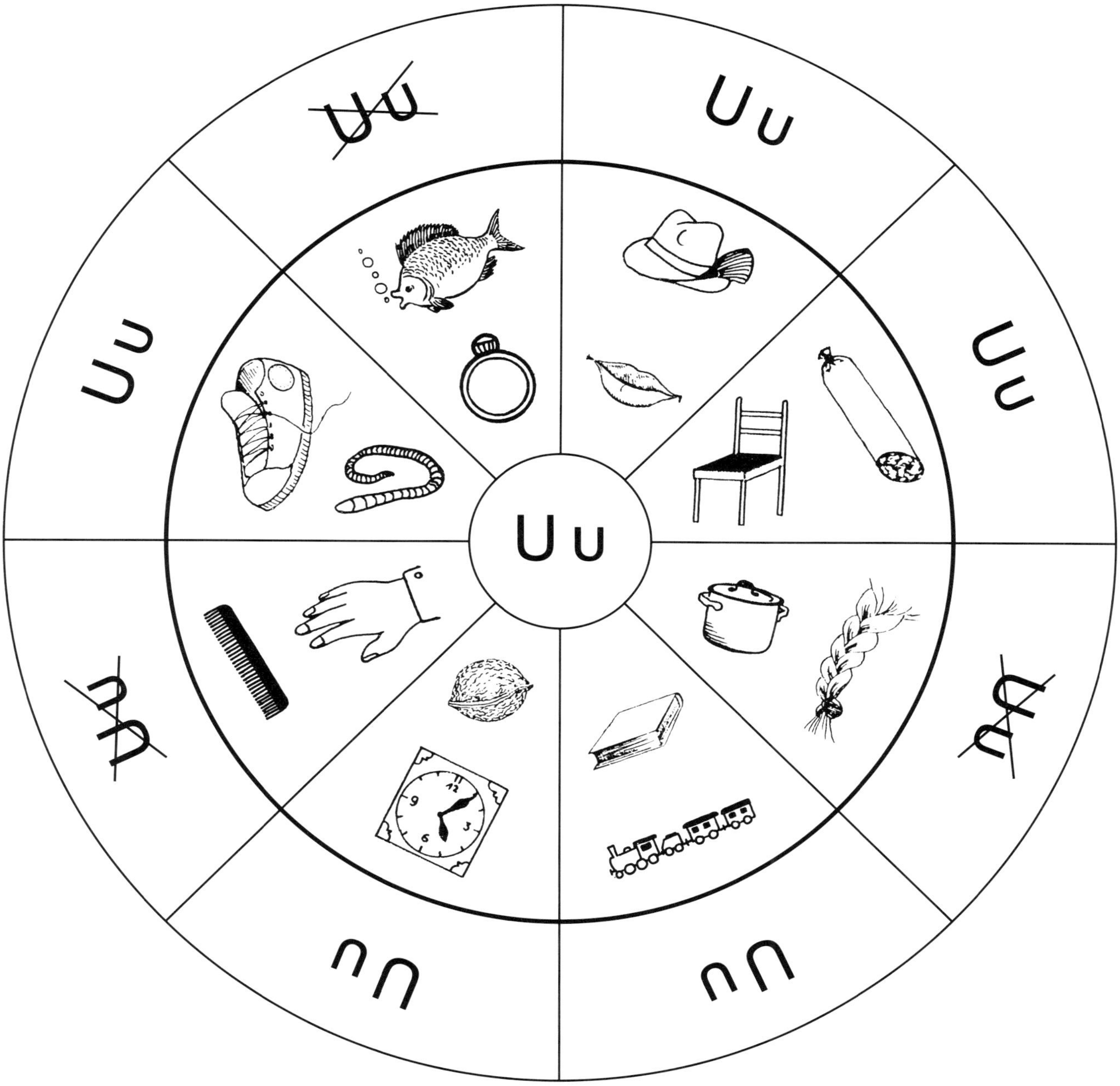
Uu
Uu

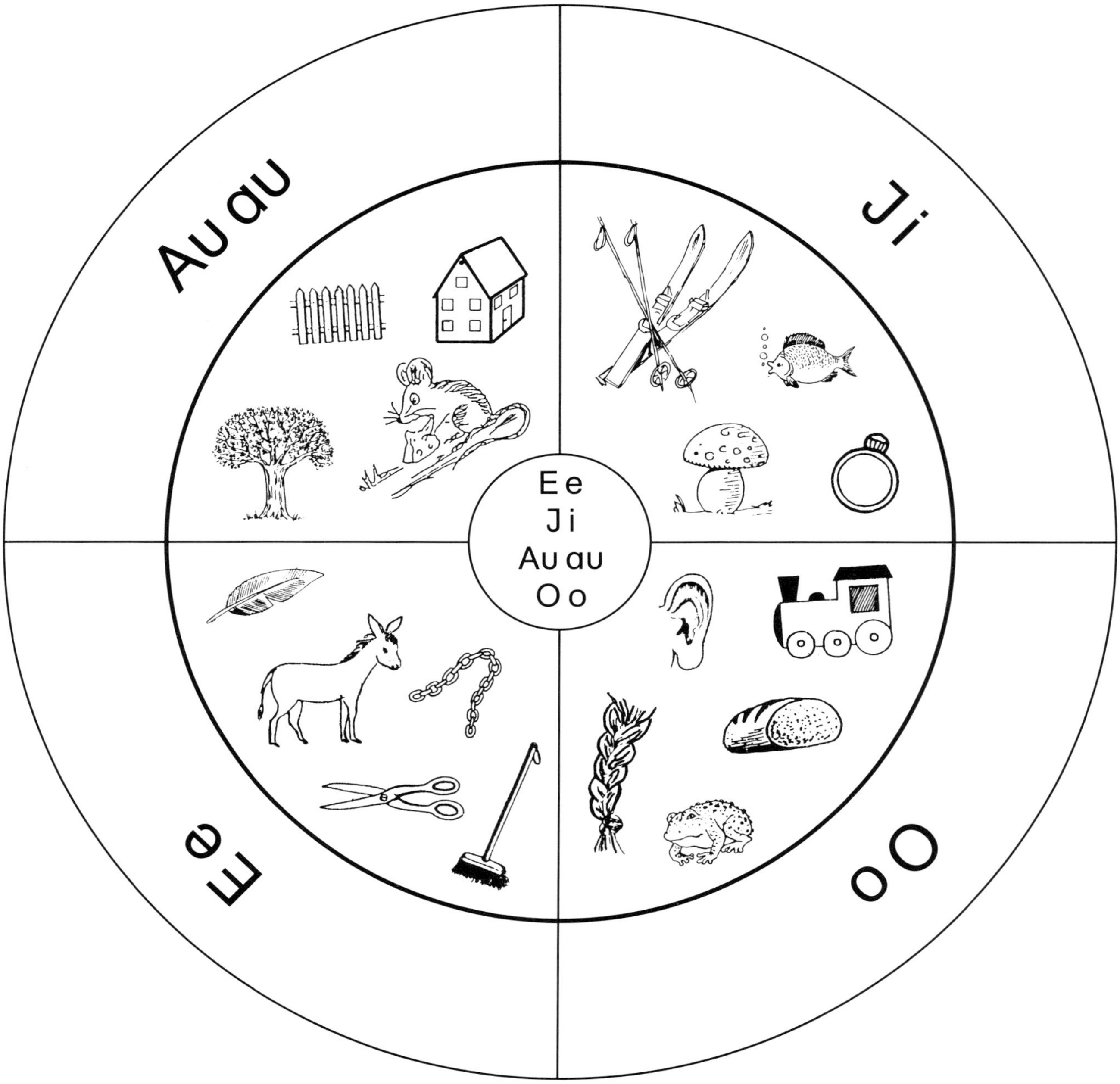
Au au
Ji
Ee
Oo
Ee
Ji
Au au
O o

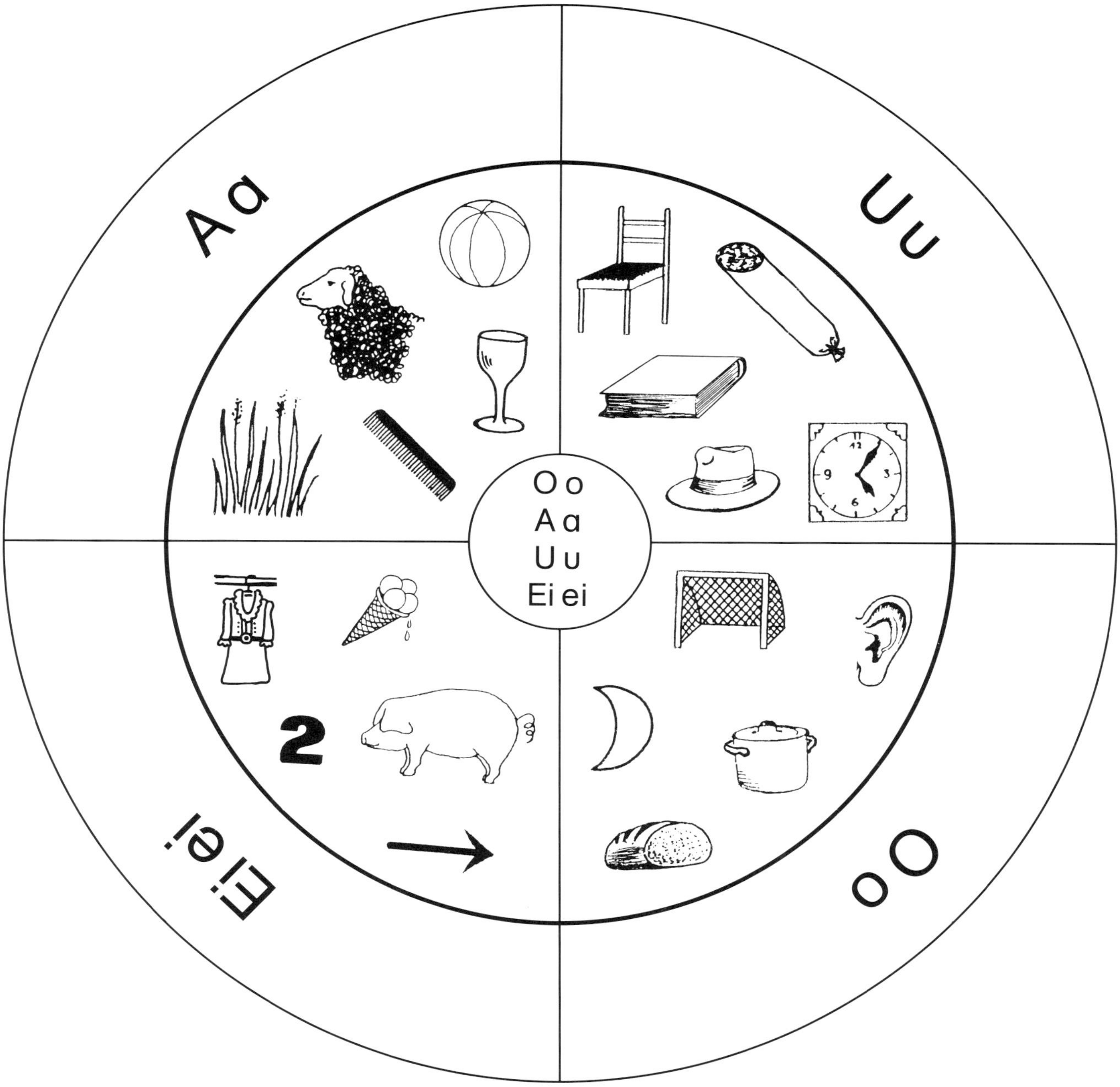
Aa
Uu
Oo
Ei ei
2
Oo
Aa
Uu
Ei ei

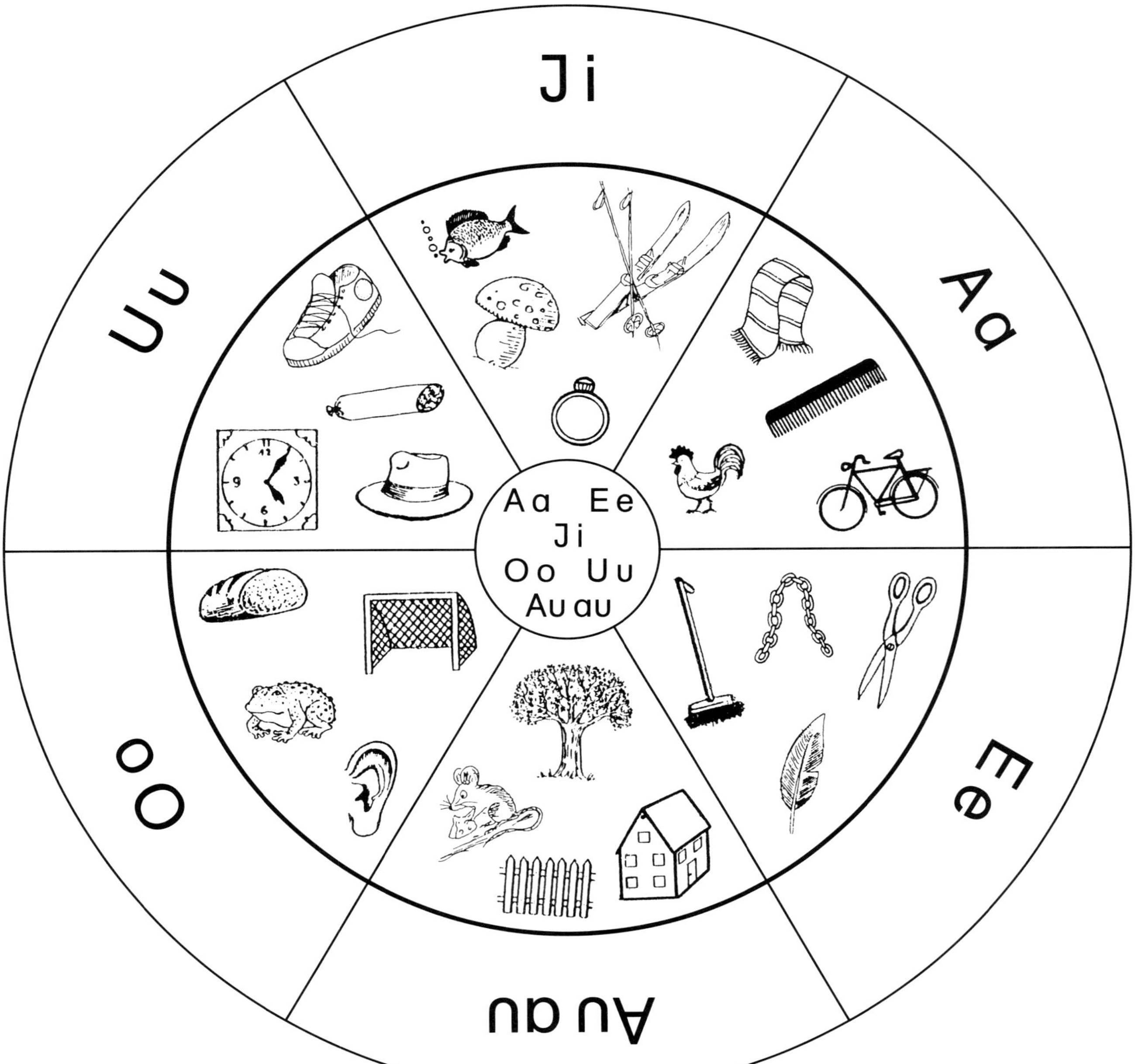
Ji
Aa
Ee
Au au
Oo
Uu
Aa Ee
Ji
Oo Uu
Au au

3.2.5 **Selbstlaut-Puzzle mit mehrsilbigen Wörtern**

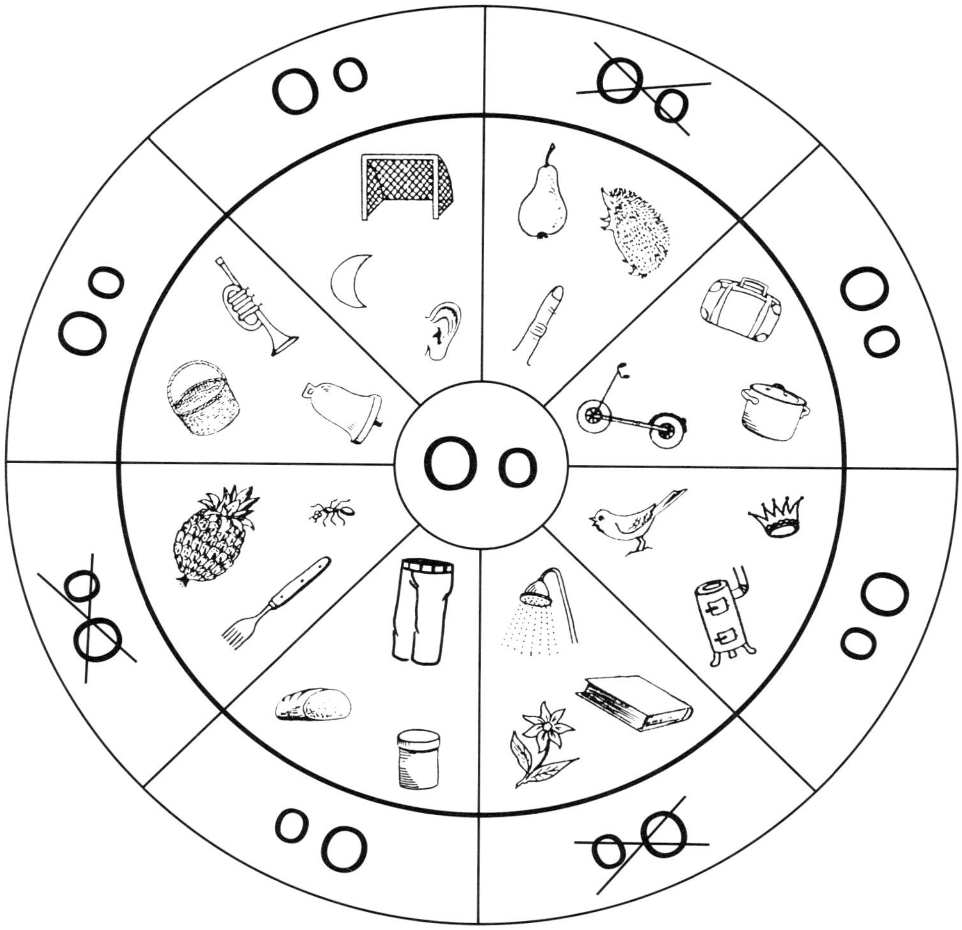

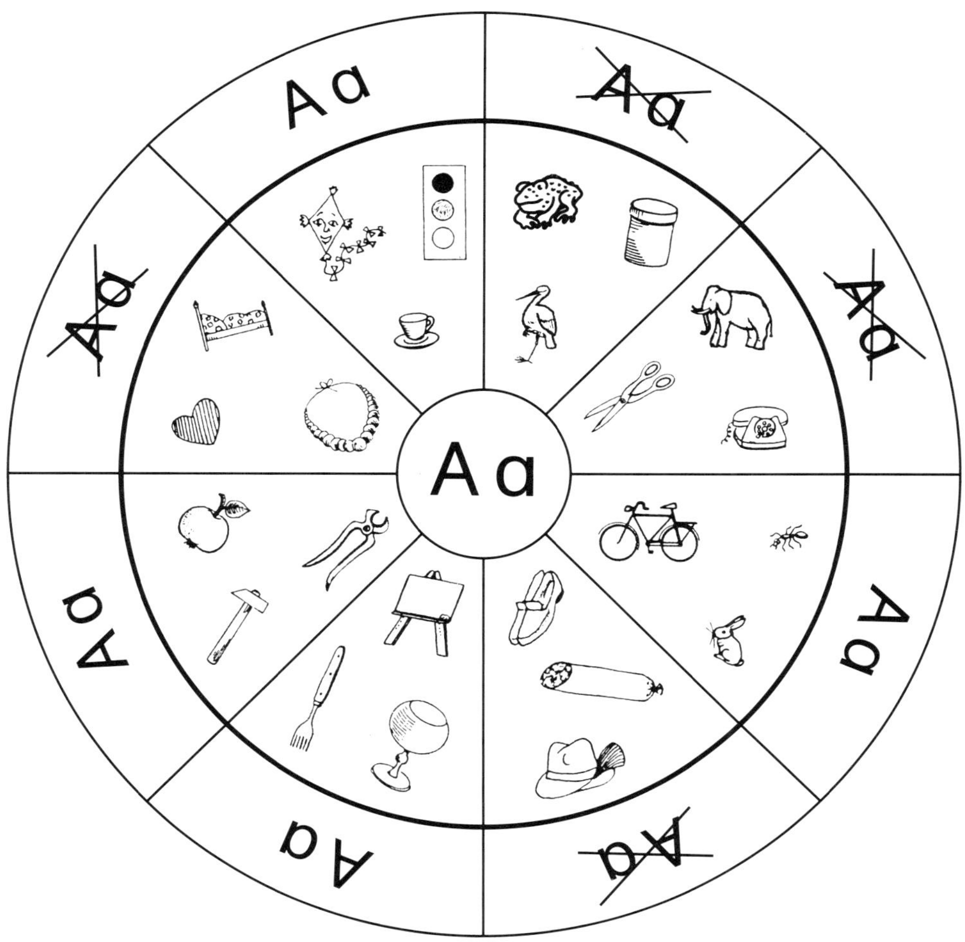

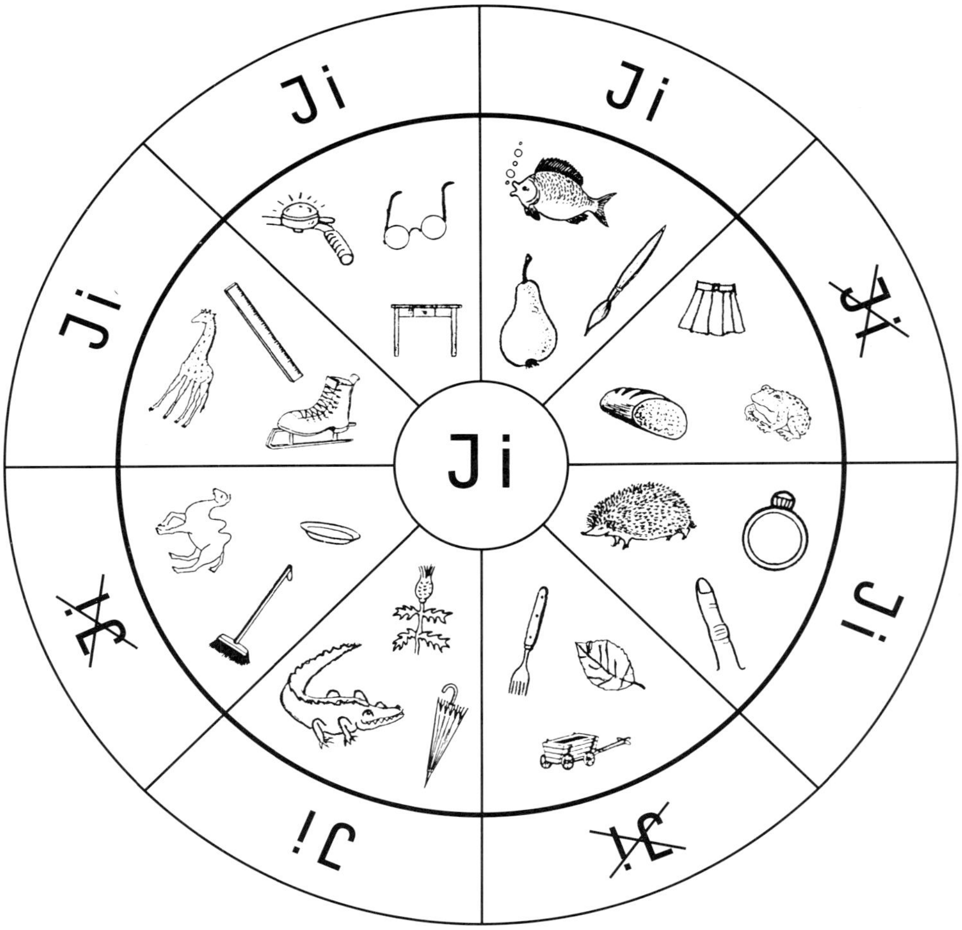
Ji
Ji
Ji
Ji
Ji
Ji
Ji
Ji
Ji

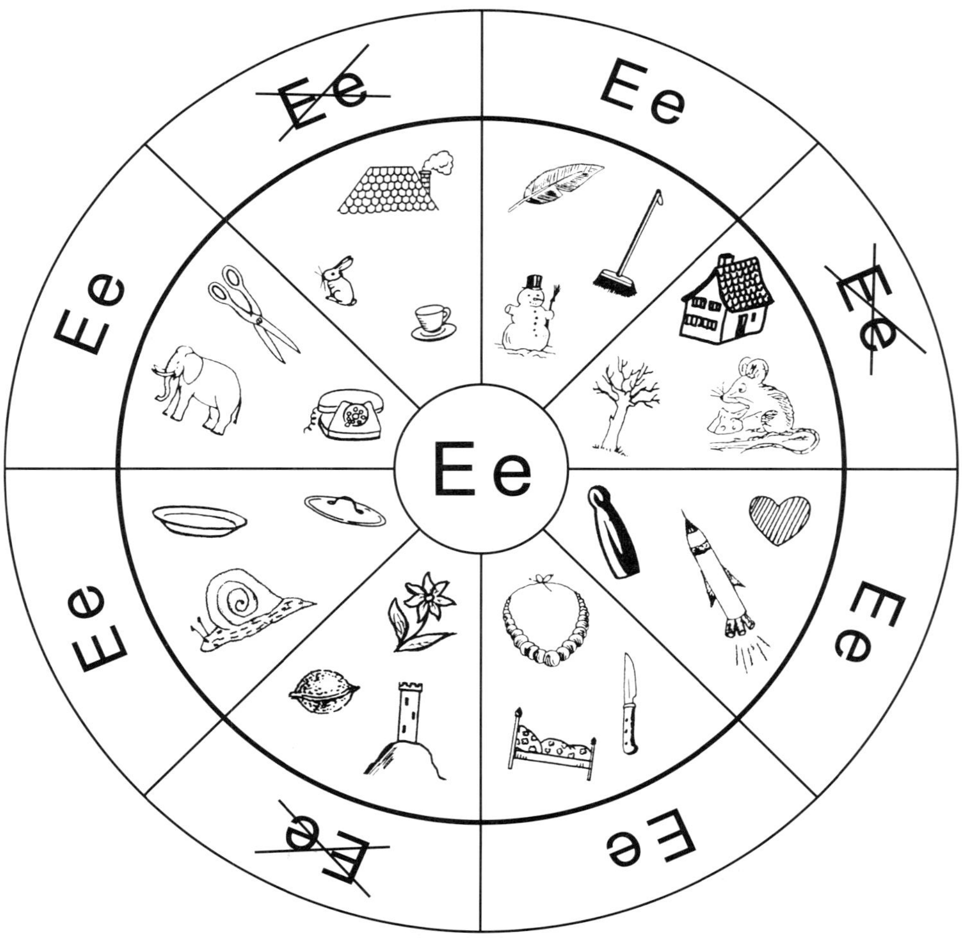
Ee
Ee
Ee
Ee
Ee
Ee
Ee
Ee
Ee

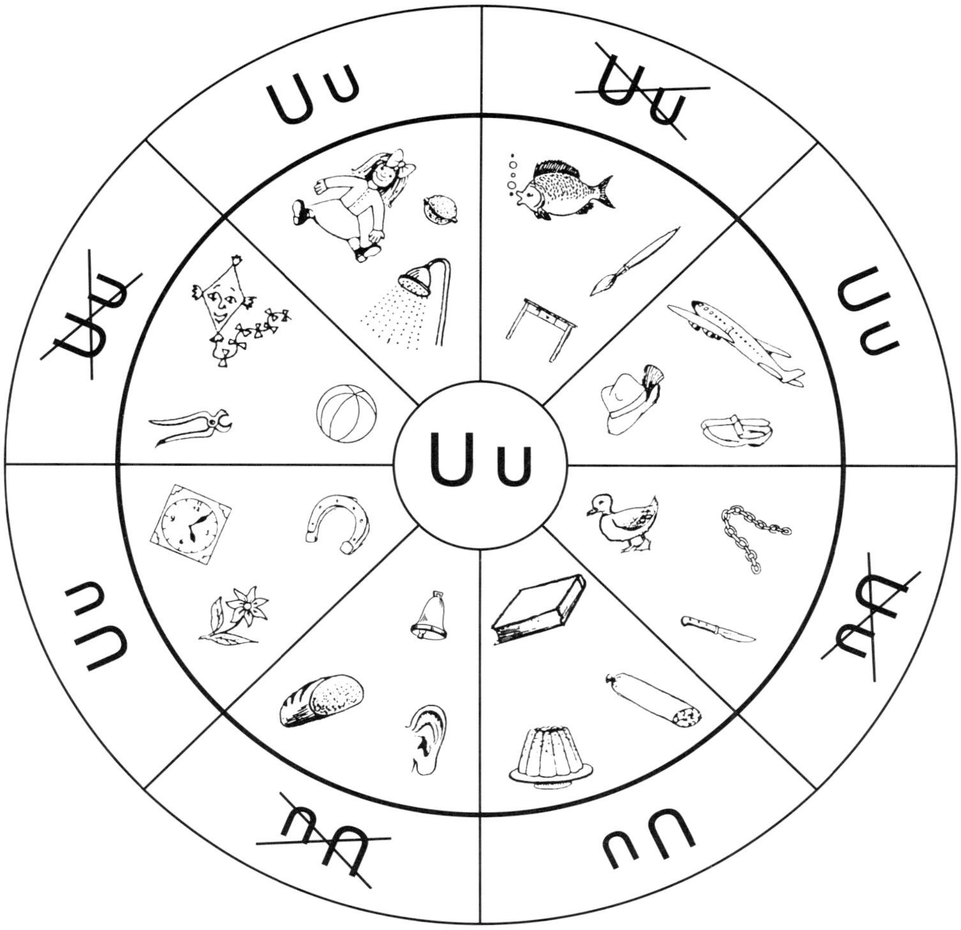
Uu
Uu
Uu
Uu
Uu
Uu
Uu
Uu
Uu

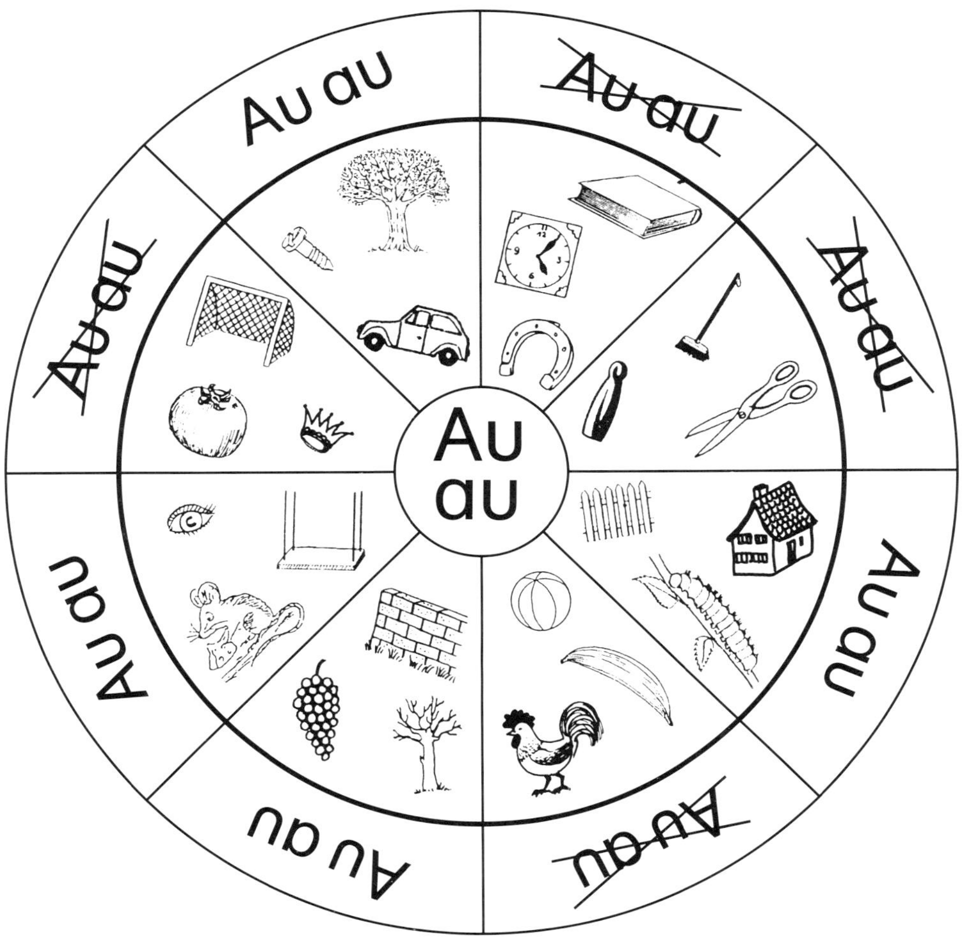
Au au
Au au
Au au
Au au
Au au
Au au
Au au
Au au
Au au

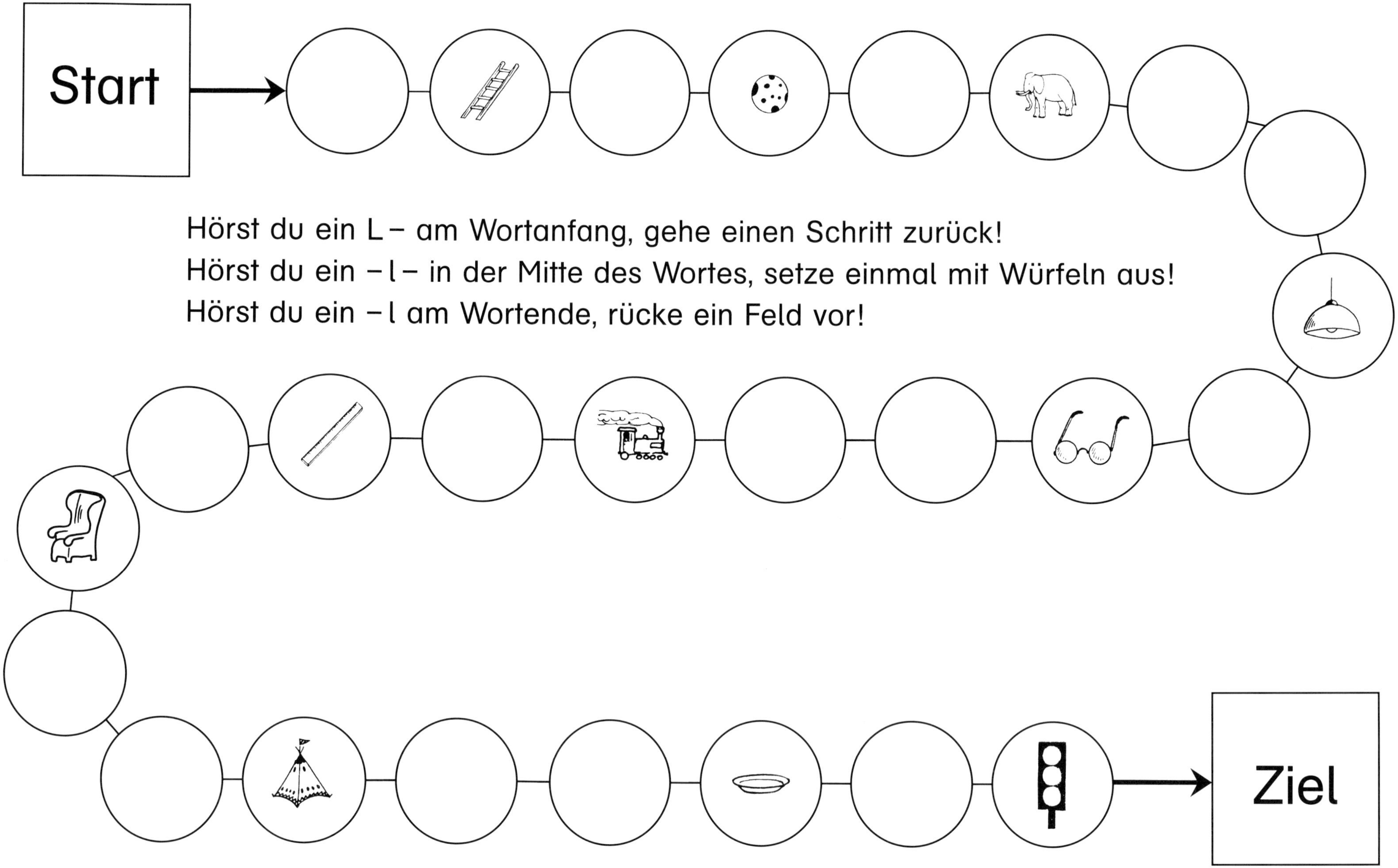

Hörst du ein L – am Wortanfang, gehe einen Schritt zurück!
Hörst du ein – l – in der Mitte des Wortes, setze einmal mit Würfeln aus!
Hörst du ein – l am Wortende, rücke ein Feld vor!

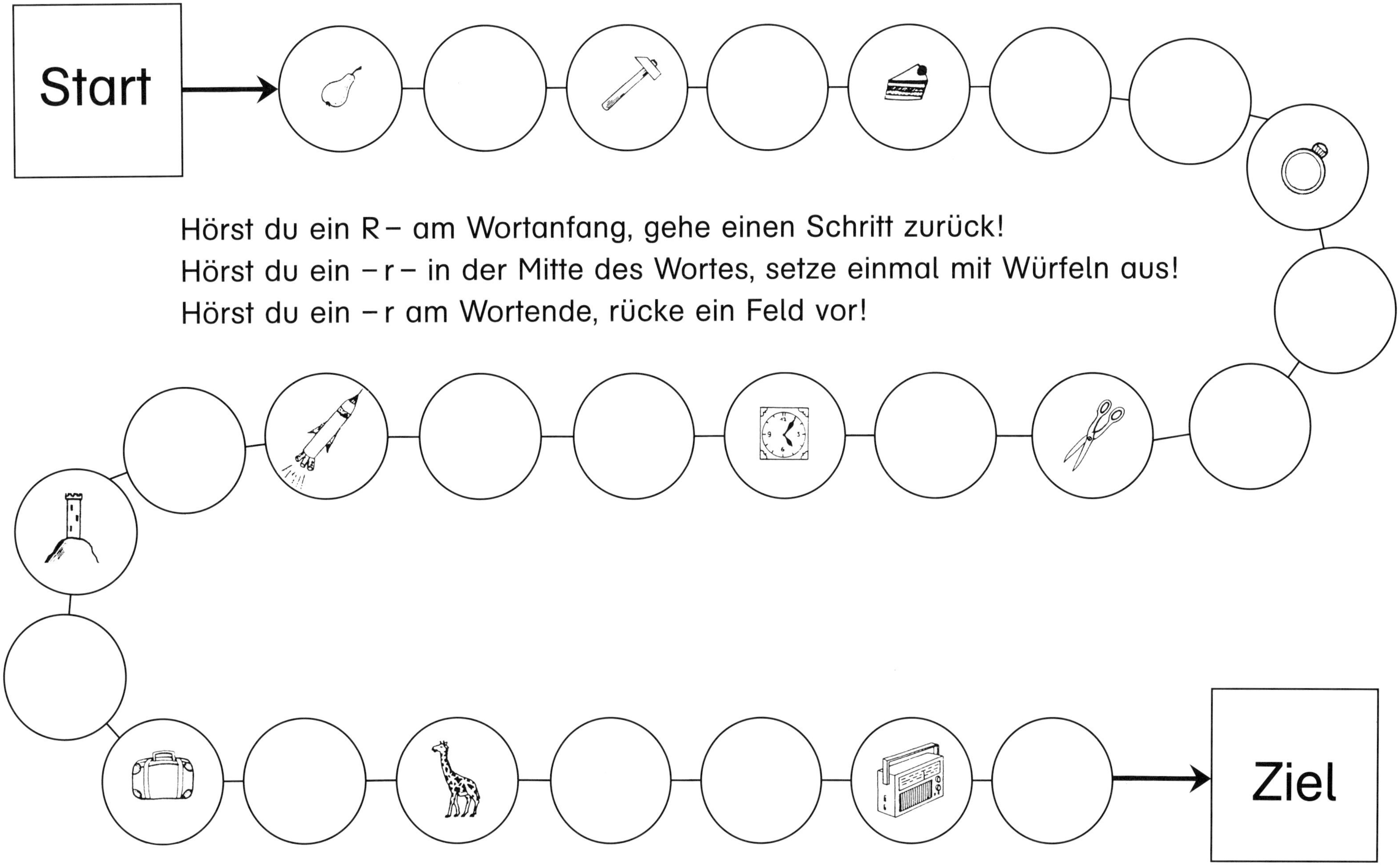

Hörst du ein R– am Wortanfang, gehe einen Schritt zurück!
Hörst du ein –r– in der Mitte des Wortes, setze einmal mit Würfeln aus!
Hörst du ein –r am Wortende, rücke ein Feld vor!

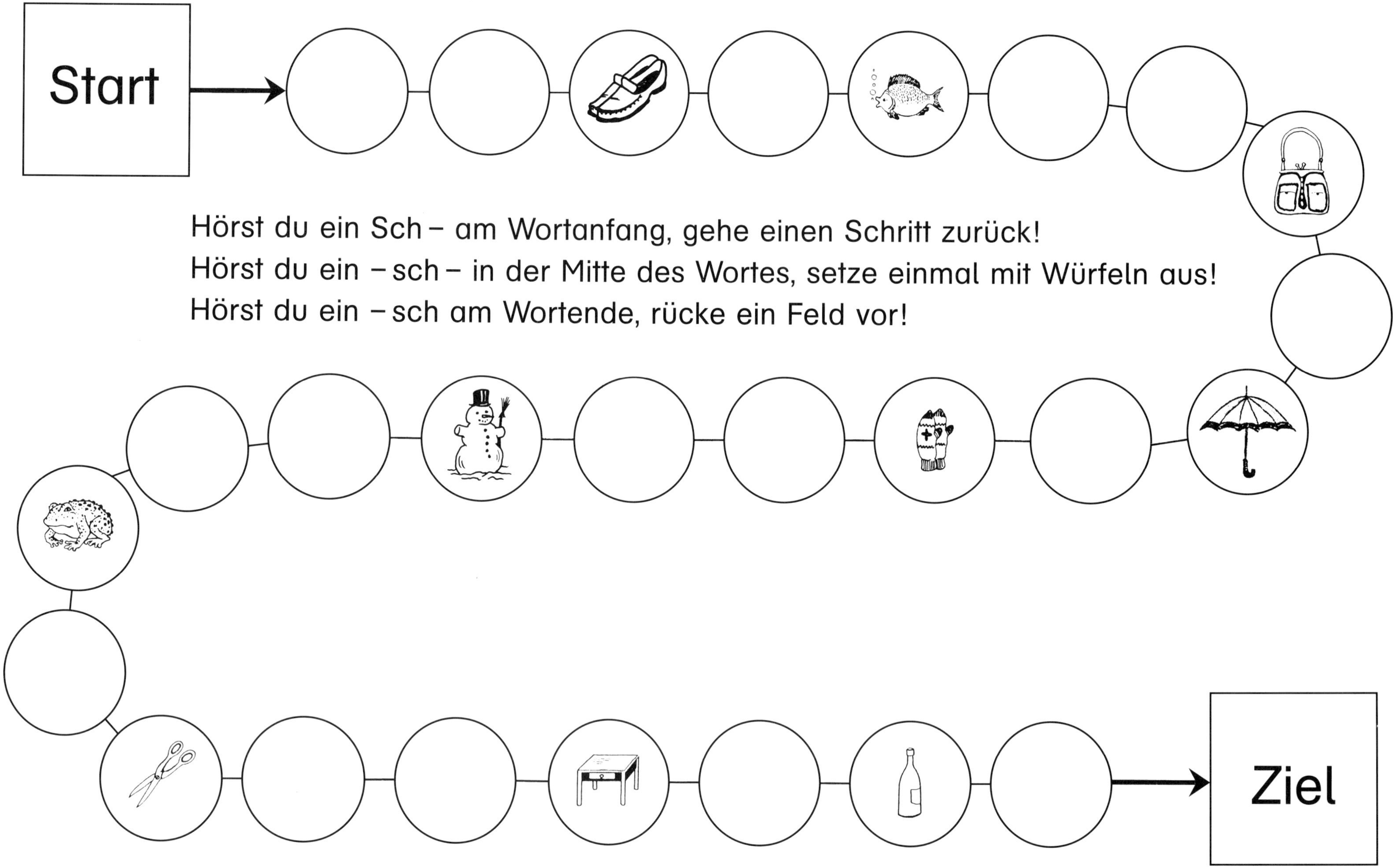

Hörst du ein Sch – am Wortanfang, gehe einen Schritt zurück!
Hörst du ein – sch – in der Mitte des Wortes, setze einmal mit Würfeln aus!
Hörst du ein – sch am Wortende, rücke ein Feld vor!

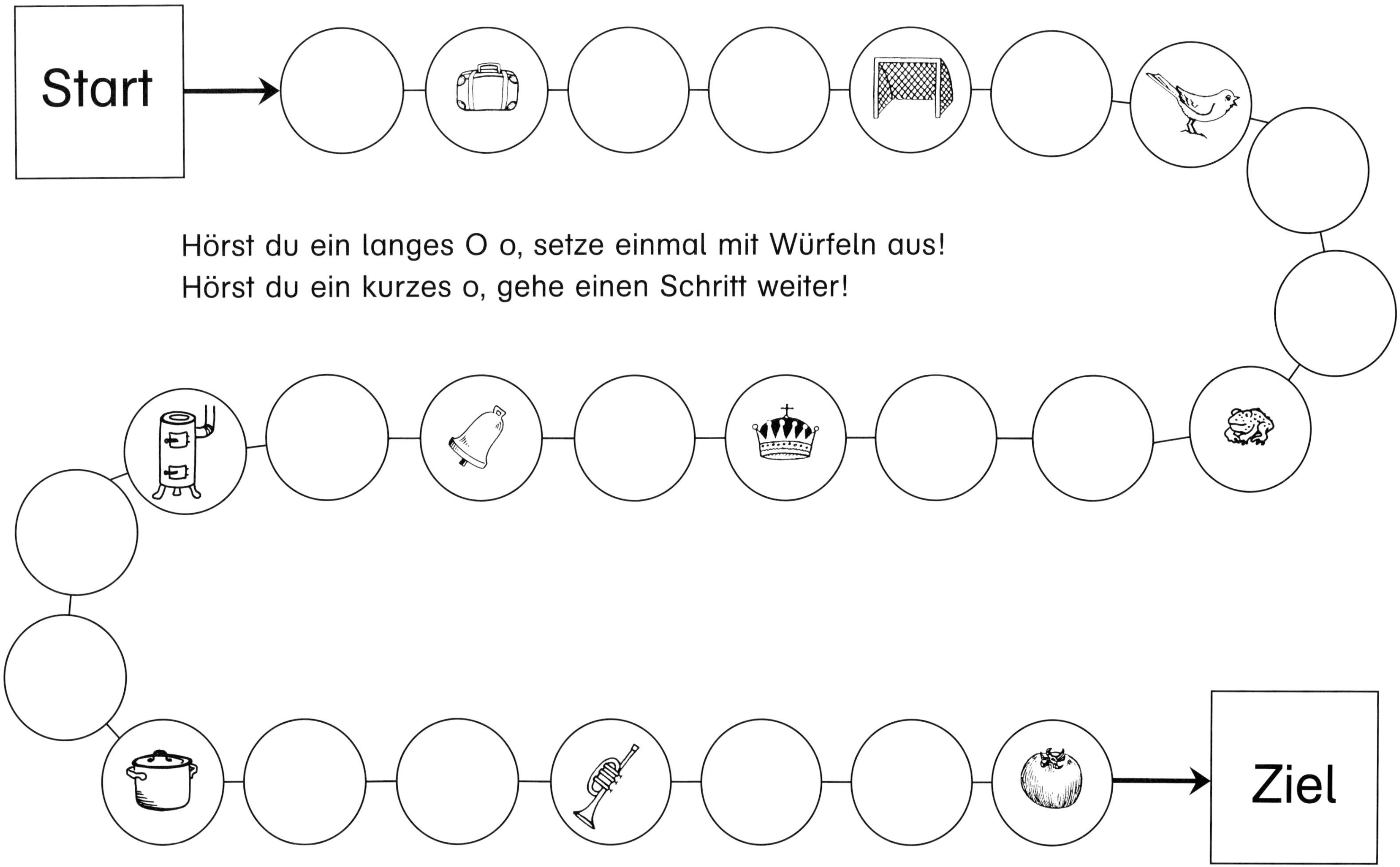

Hörst du ein langes O o, setze einmal mit Würfeln aus!
Hörst du ein kurzes o, gehe einen Schritt weiter!

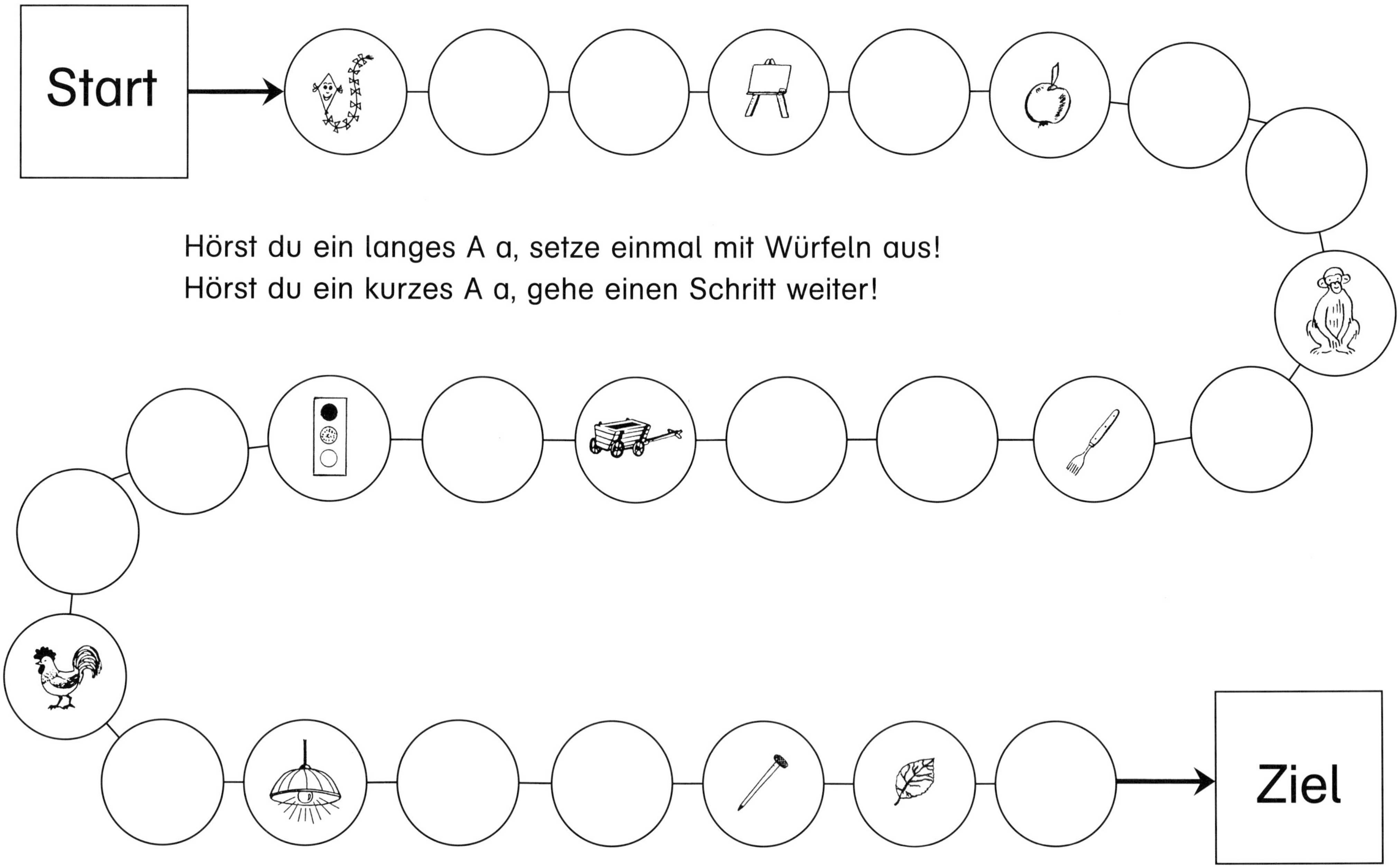

Hörst du ein langes A a, setze einmal mit Würfeln aus!
Hörst du ein kurzes A a, gehe einen Schritt weiter!

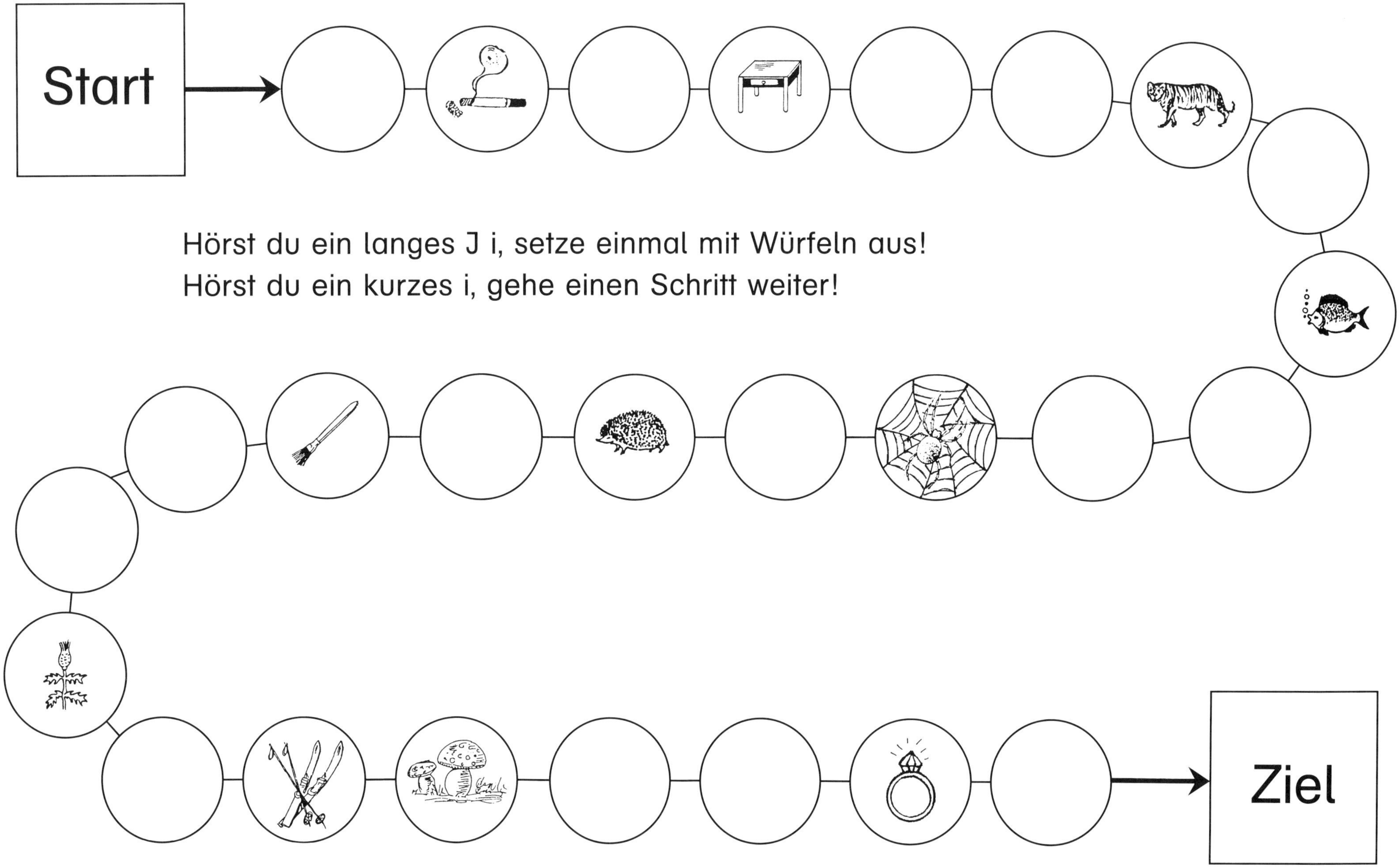

Hörst du ein langes J i, setze einmal mit Würfeln aus!
Hörst du ein kurzes i, gehe einen Schritt weiter!

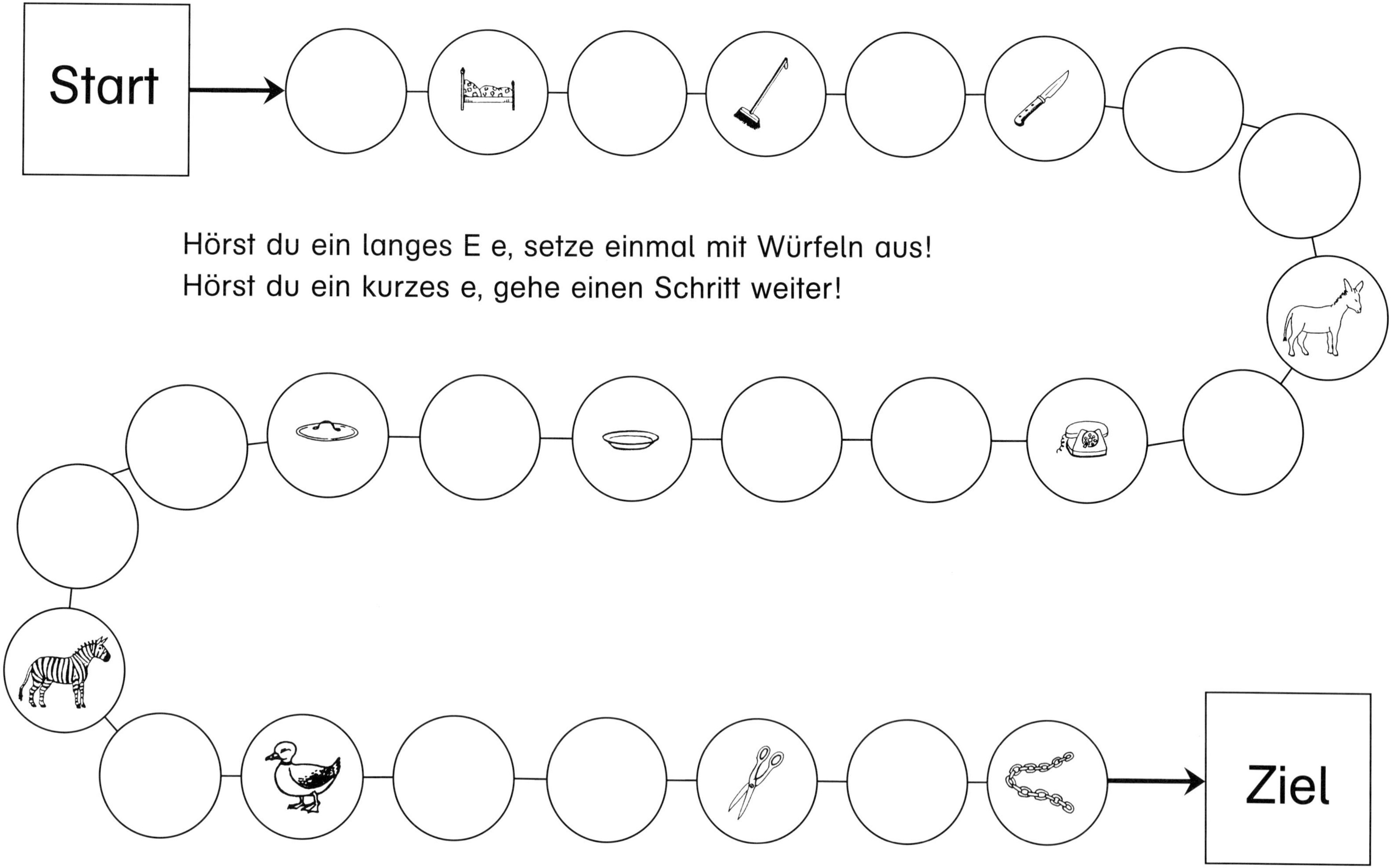

Hörst du ein langes E e, setze einmal mit Würfeln aus!
Hörst du ein kurzes e, gehe einen Schritt weiter!

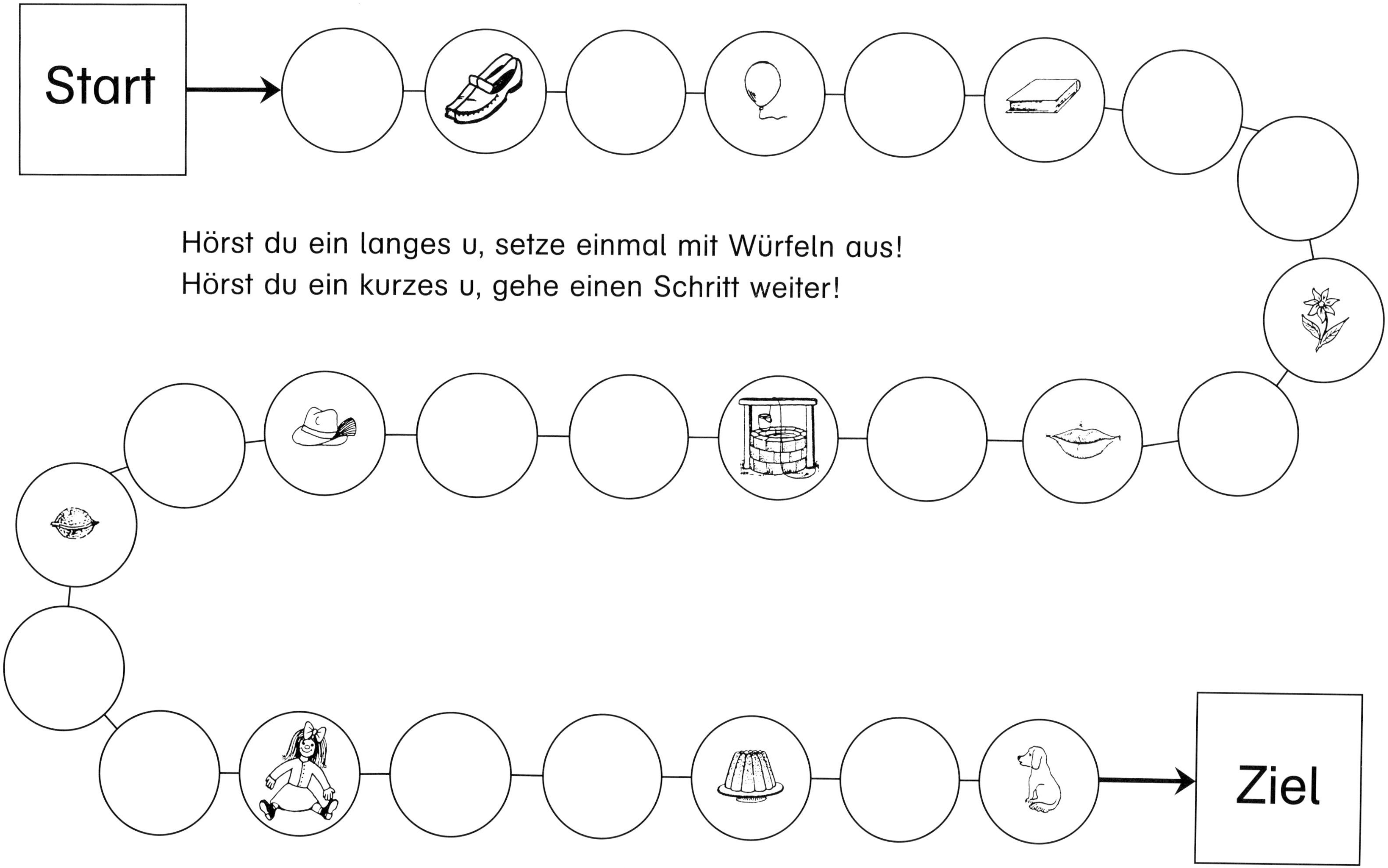

Hörst du ein langes u, setze einmal mit Würfeln aus!
Hörst du ein kurzes u, gehe einen Schritt weiter!

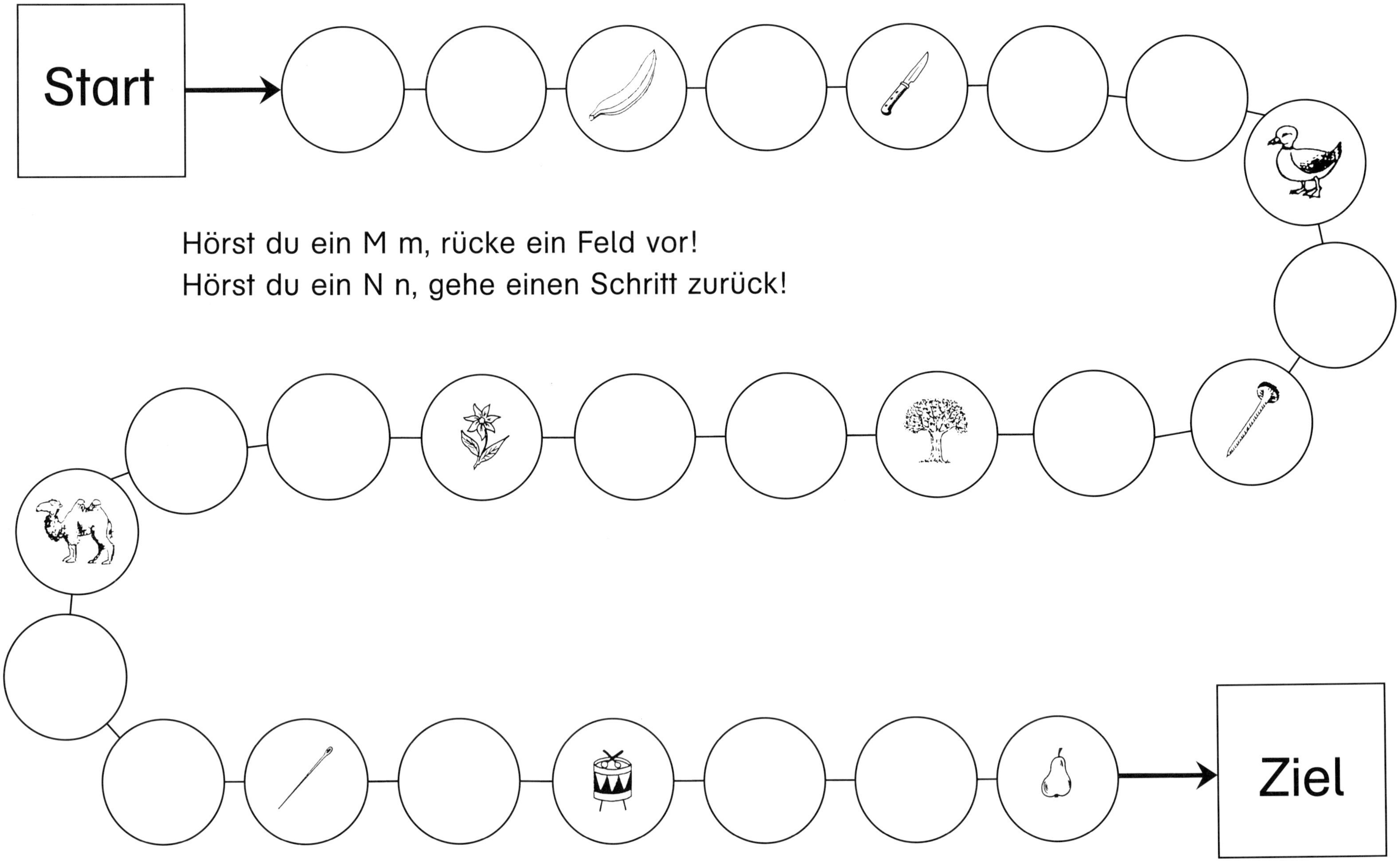

Hörst du ein M m, rücke ein Feld vor!
Hörst du ein N n, gehe einen Schritt zurück!

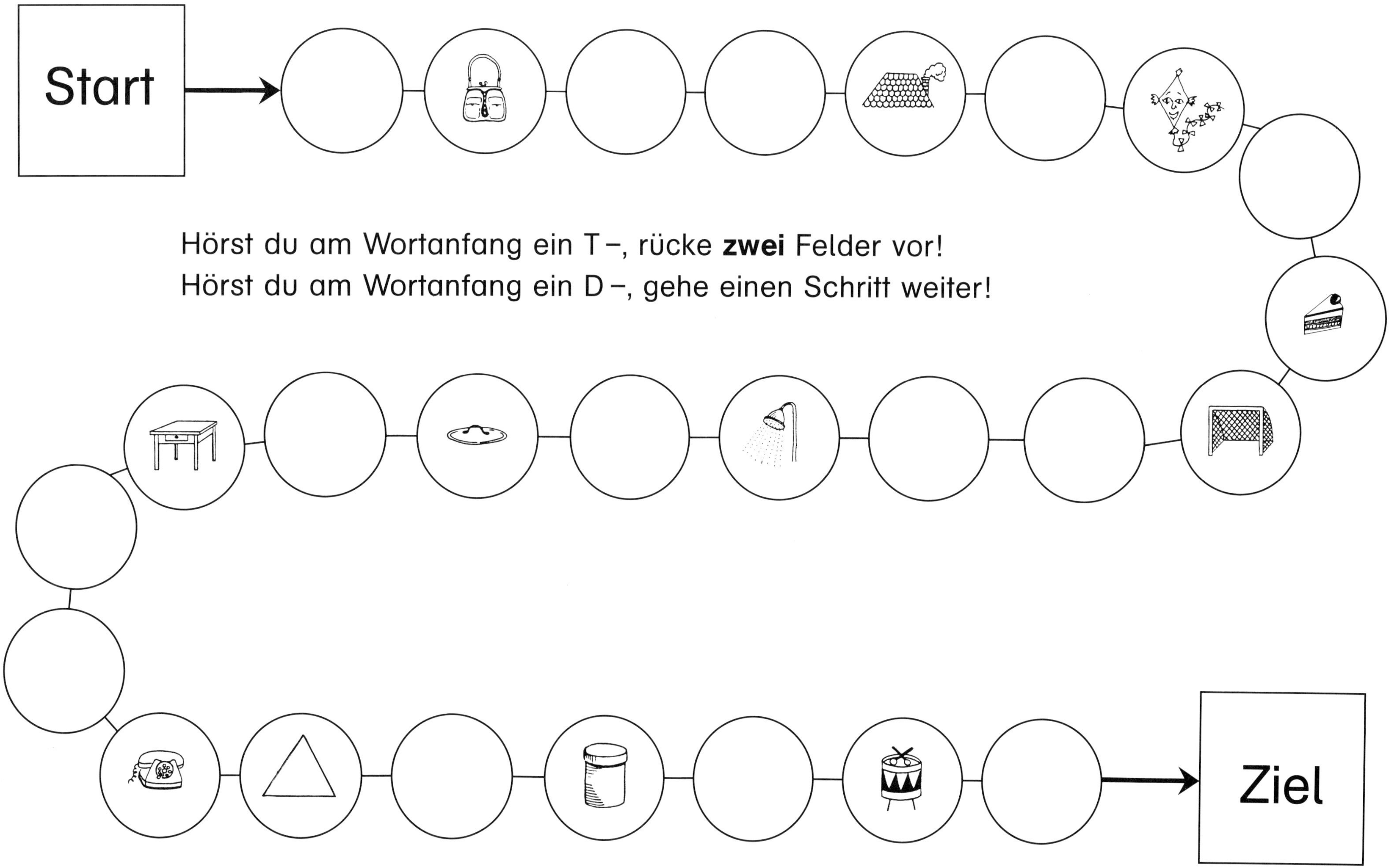

Hörst du am Wortanfang ein T –, rücke **zwei** Felder vor!
Hörst du am Wortanfang ein D –, gehe einen Schritt weiter!

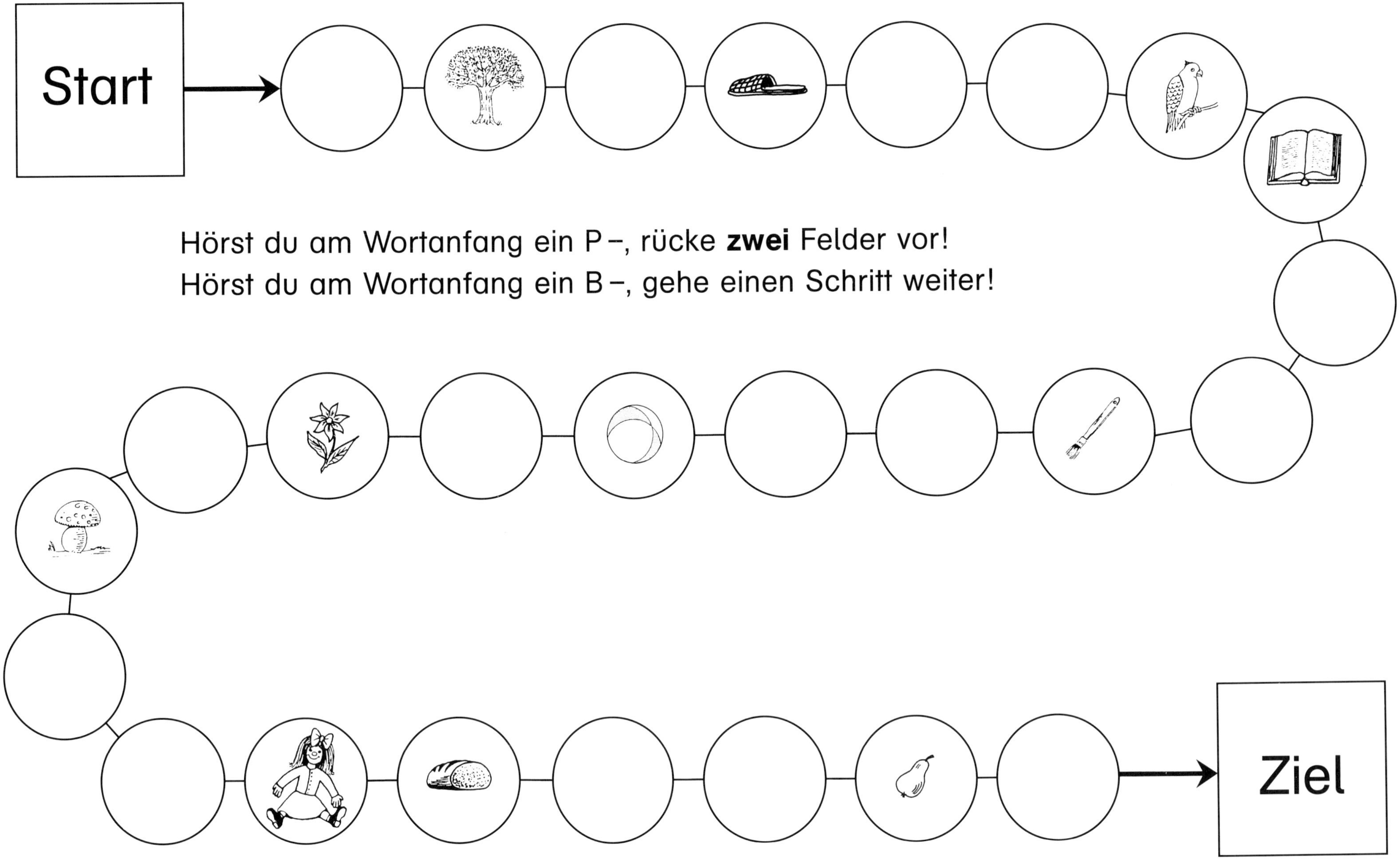

Hörst du am Wortanfang ein P –, rücke **zwei** Felder vor!
Hörst du am Wortanfang ein B –, gehe einen Schritt weiter!

Hörst du am Wortanfang ein K–, rücke **zwei** Felder vor!
Hörst du am Wortanfang ein G–, gehe einen Schritt weiter!

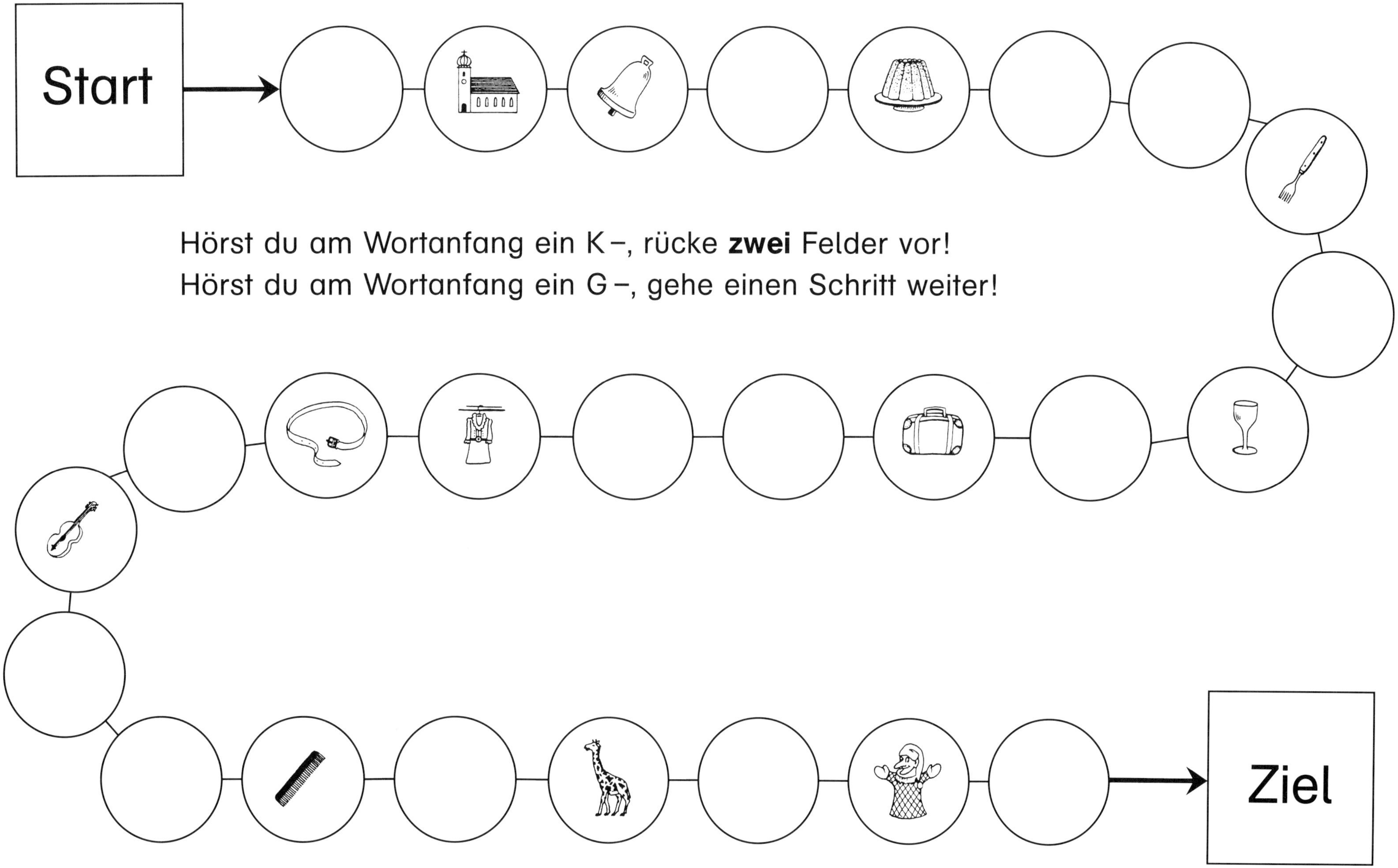

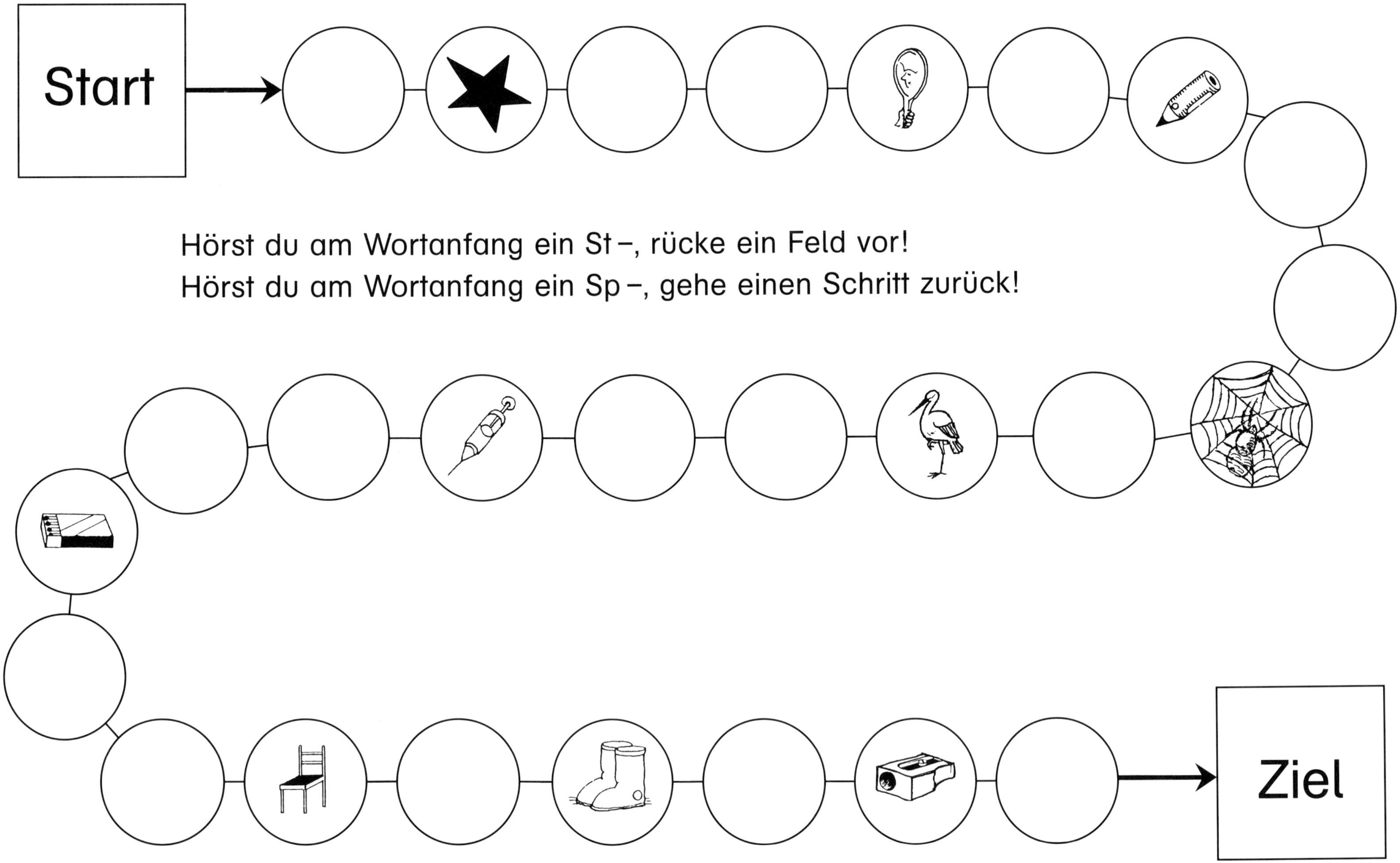

Hörst du am Wortanfang ein St –, rücke ein Feld vor!
Hörst du am Wortanfang ein Sp –, gehe einen Schritt zurück!

Hörst du am Wortanfang ein Z –, rücke **zwei** Felder vor!
Hörst du am Wortanfang ein S –, gehe einen Schritt vor!

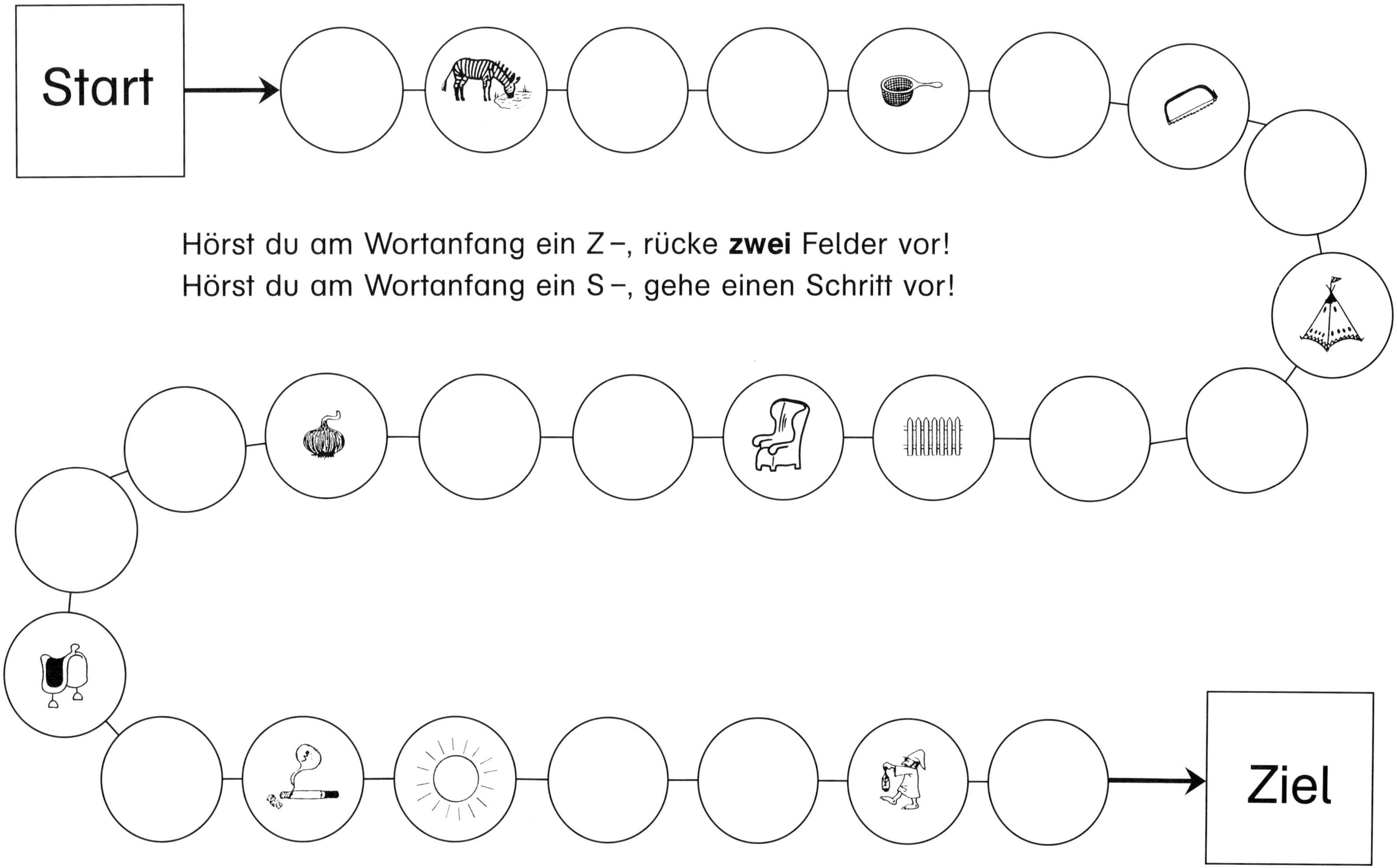

M	Rückseite ↓	N	Rückseite ↓
	**M**aus		**N**ote
	**M**aler		**N**uss
	**M**und		**N**adel
	**M**antel		**N**est
	**M**auer		**N**agel
	**M**ond		**N**ixe
	**M**esser		**N**ashorn

D	Rückseite ↓	T	Rückseite ↓
	**D**rachen		**T**rommel
	**D**eckel		**T**elefon
	**D**istel	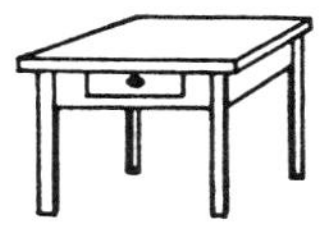	**T**isch
	**D**ach	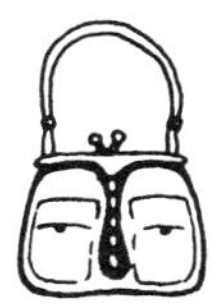	**T**asche
	**D**usche		**T**urm
	**D**ose		**T**orte
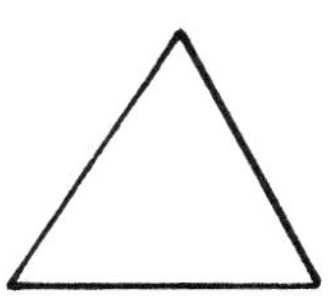	**D**reieck	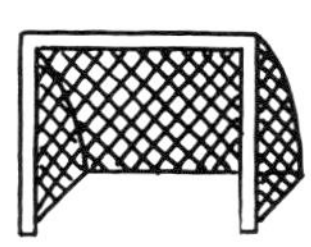	**T**or

B	Rückseite ↓	P	Rückseite ↓
	**B**rot		**P**antoffel
	**B**irne		**P**uppe
	**B**latt		**P**alme
	**B**lume		**P**ilz
	**B**aum	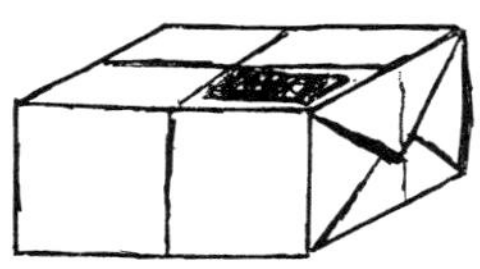	**P**aket
	**B**uch		**P**apagei
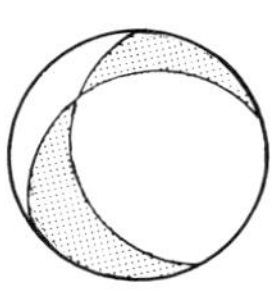	**B**all		**P**insel

G	Rückseite ↓	K	Rückseite ↓
	**G**las		**K**asper
	**G**iraffe		**K**irche
	**G**abel		**K**leid
	**G**locke		**K**amm
	**G**eige		**K**lavier
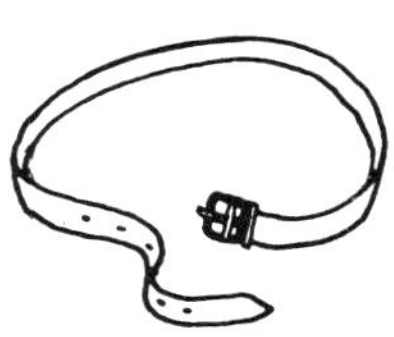	**G**ürtel		**K**uchen
	**G**änse		**K**offer

3.3.1 Einfache Synthese-Häuser

(1) To

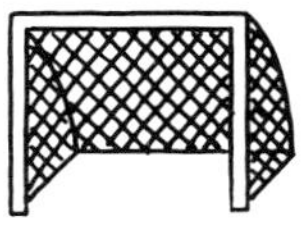

(2) Te

(3) Ta

(4) Ra

(5) Na

(6) Fa

(7) Fe

(8) Li

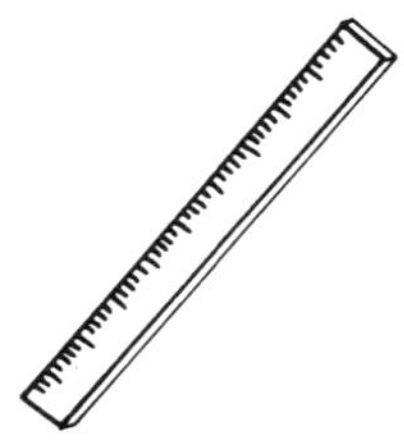

(9) Du

(10) So

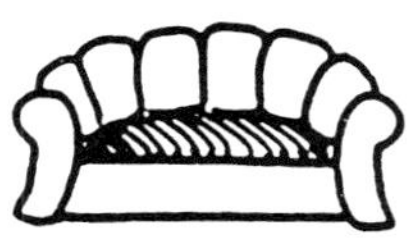

(11) Mo

(12) Re

(13) Ro

(14) Do

(15) Di

(16) Sa

3.3.2 Einfaches Synthese-Domino

Ⓐ 	Te		To
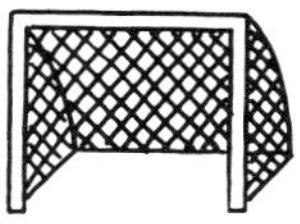	So		Ha
	Be		Fe
	Wa		Mau
	Ma	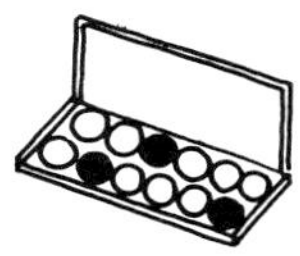	Fa
	Li	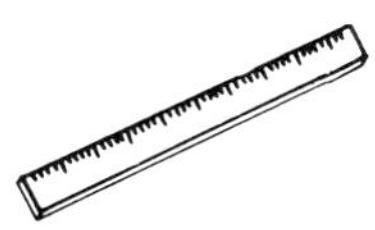	Mo
	Ho		Sa
	Na		Ⓔ Re

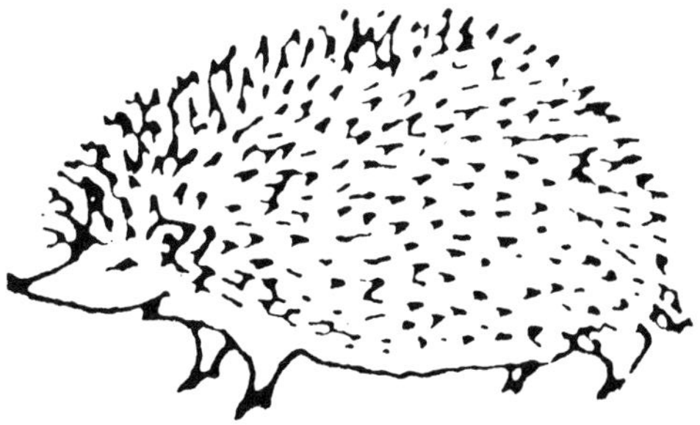	Jgel		Kuh
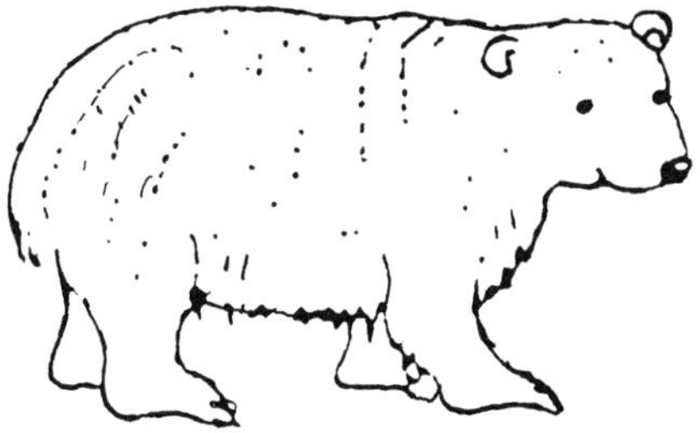	Bär		Fisch
	Schaf		Maus
↑ Rückseite	↑ Vorderseite	↑ Rückseite	↑ Vorderseite

① ② ③ ④

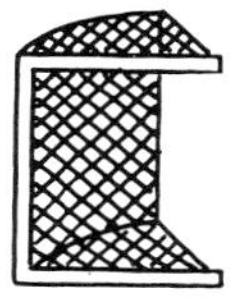

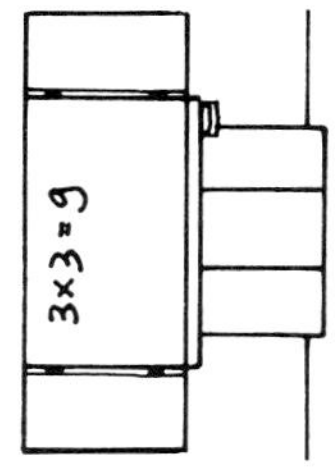

②

A	r	m
•	•	•

④

T	o	r	t	e
•	•	•	•	•

T	o	r
•	•	•

①

T	a	f	e	l
•	•	•	•	•

③

①	②	③	④
			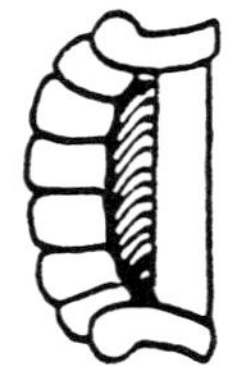

②

R	o	s	e
•	•	•	•

④

S	o	f	a
•	•	•	•

O	f	e	n
•	•	•	•

①

E	s	e	l
•	•	•	•

③

① ② ③ ④

①	②	③	④
			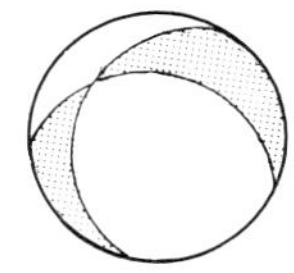

②

B	r	o	t
•	•	•	•

④

B	a	l	l
•	•	•	•

E	n	t	e
•	•	•	•

①

H	a	s	e
•	•	•	•

③

① ② ③ ④

①	②	③	④
			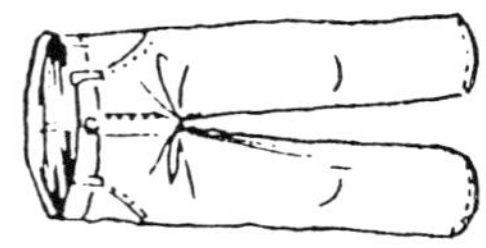

②

J	g	e	l

④

H	o	s	e

N	e	s	t

①

H	u	n	d

③

① ② ③ ④

②

Au	g	e
•	•	•

④

F	e	d	e	r
•	•	•	•	•

H	u	t
•	•	•

①

F	a	d	e	n
•	•	•	•	•

③

1 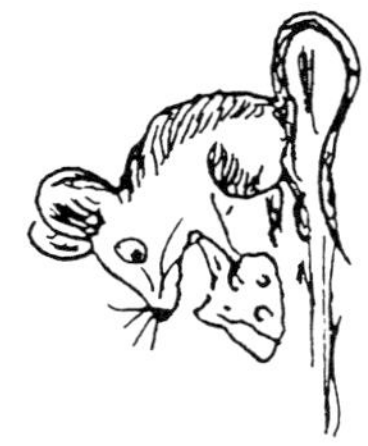

2 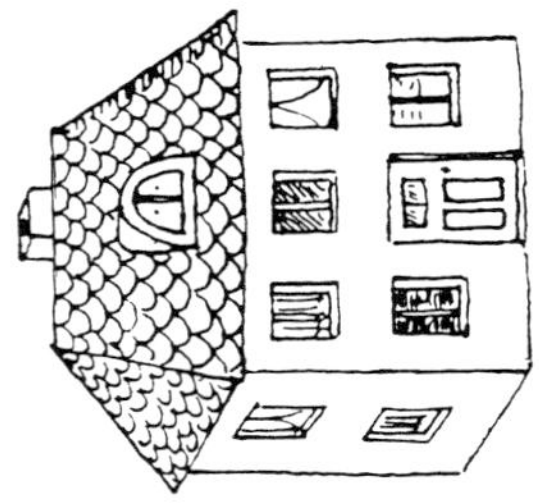

3 

4 

2

M	au	s
•	•	•

4

N	a	d	e	l
•	•	•	•	•

H	au	s
•	•	•

1

N	a	g	e	l
•	•	•	•	•

3

① ② ③ ④

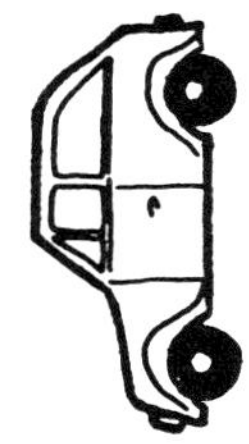	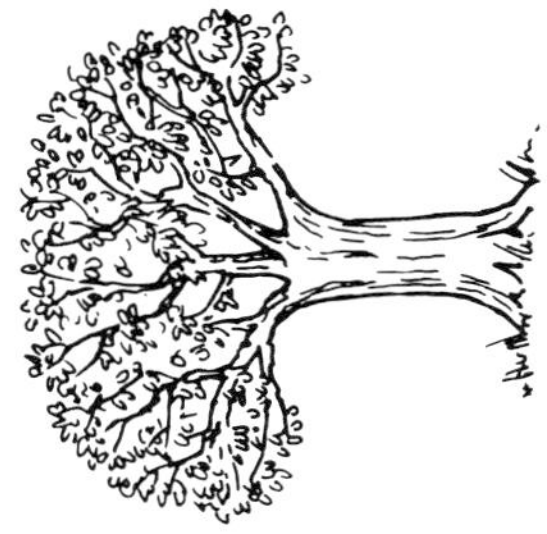		

②

B	au	m
•	•	•

④

B	i	r	n	e
•	•	•	•	•

Au	t	o
•	•	•

①

B	l	u	m	e
•	•	•	•	•

③

3.3.5 Buchstaben-Lotto

Fisch	F	i	sch
Schuh	Sch	u	h
Buch	B	u	ch
Zug	Z	u	g

Maus	M	au	s
Baum	B	au	m
Haus	H	au	s
Auto	Au	t	o

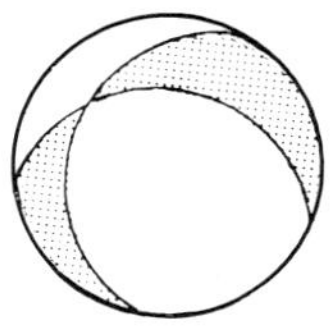
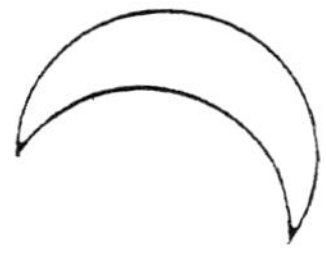

Ball	B	a	l	l
Mond	M	o	n	d
Jgel	J	g	e	l
Esel	E	s	e	l
Hund	H	u	n	d

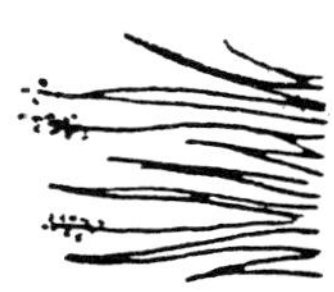

Brot	B	r	o	t
Nest	N	e	s	t
Gras	G	r	a	s
Hand	H	a	n	d
Schirm	Sch	i	r	m

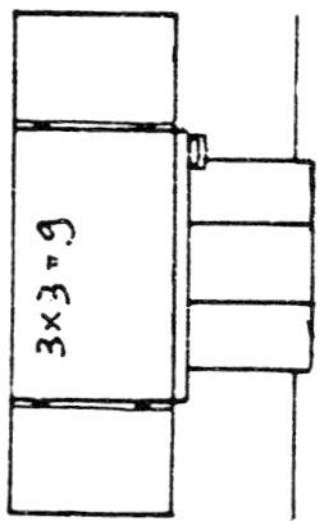
3×3=9

Tafel	T	a	f	e	l
Feder	F	e	d	e	r
Birne	B	i	r	n	e
Sonne	S	o	n	n	e
Blume	B	l	u	m	e

		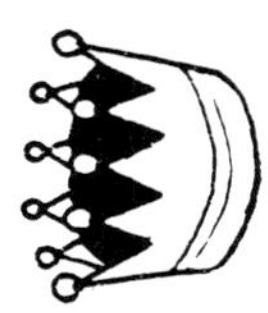		

Apfel	A	p	f	e	l
Blatt	B	l	a	t	t
Krone	K	r	o	n	e
Katze	K	a	t	z	e
Vogel	V	o	g	e	l

3.3.6 Tiersilben-Puzzle

Lö we

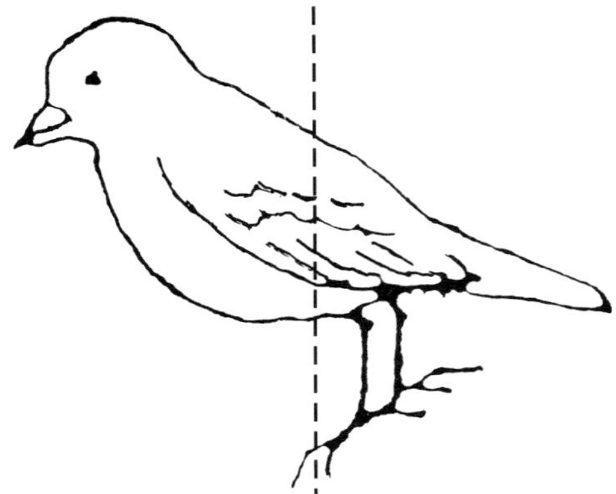

Vo gel

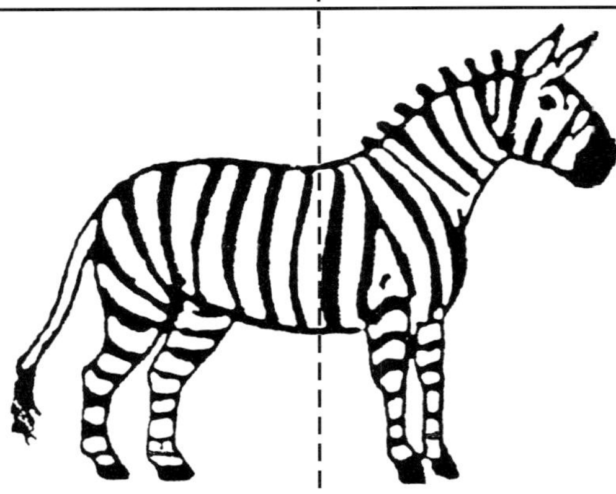

Ze bra

Ka mel

En te

Zie ge

Kat ze

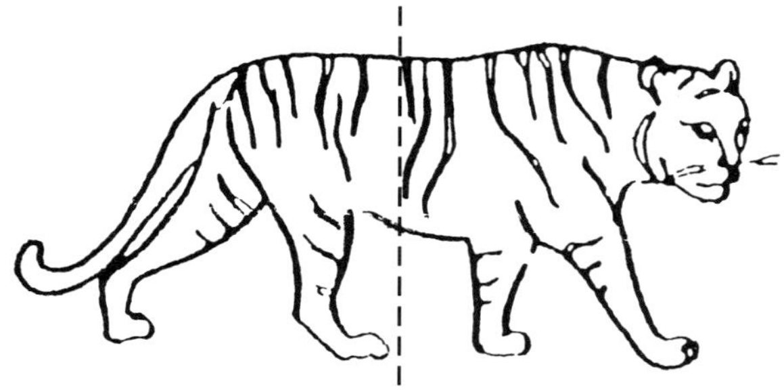

Ti ger

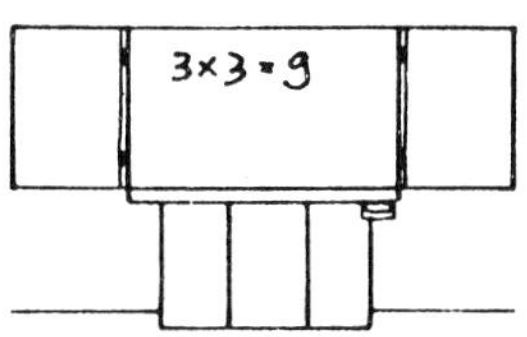		

So	fa
Ro	se
Tor	te
Man	tel
Ta	fel

Sofa
Rose
Torte
Mantel
Tafel

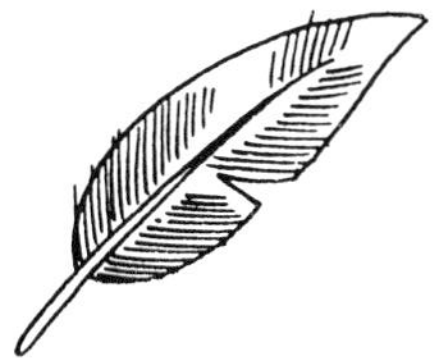		

Fe	der
Ma	ler
La	ma
Na	del
Fa	den

Feder
Maler
Lama
Nadel
Faden

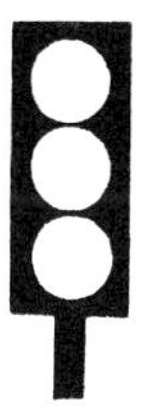		

Blu	me
Bir	ne
Lam	pe
Am	pel
Pin	sel

Blume
Birne
Lampe
Ampel
Pinsel

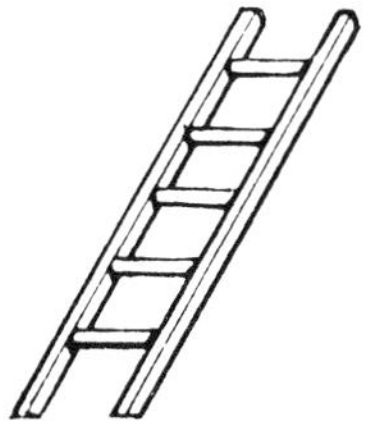		

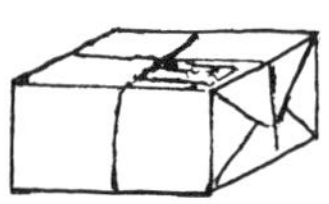		

Lei	ter
Be	sen
Ga	bel
Sche	re
Pa	ket

Leiter
Besen
Gabel
Schere
Paket

Ka	mel
Ze	bra
Lö	we
Ti	ger
Zie	ge

Kamel
Zebra
Löwe
Tiger
Ziege

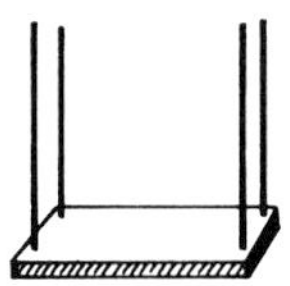		

Kir	che
Vo	gel
Schau	kel
Kä	fer
Ker	ze

Kirche
Vogel
Schaukel
Käfer
Kerze

①	②	③	④
den	bel	sel	re
 Fa	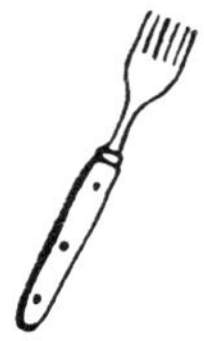 Ga	 Pin	 Sche
⑤	⑥	⑦	⑧
sen	der	gel	pel
 Be	 Fe	 Na	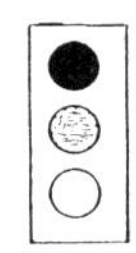 Am
⑨	⑩	⑪	⑫
gen	se	pe	ter
 Kra	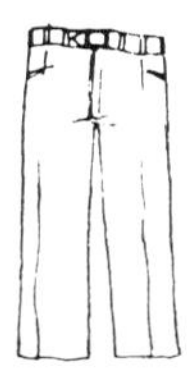 Ho	 Lam	 Lei
⑬	⑭	⑮	⑯
sche	me	te	lat
 Fla	 Blu	 En	 Sa

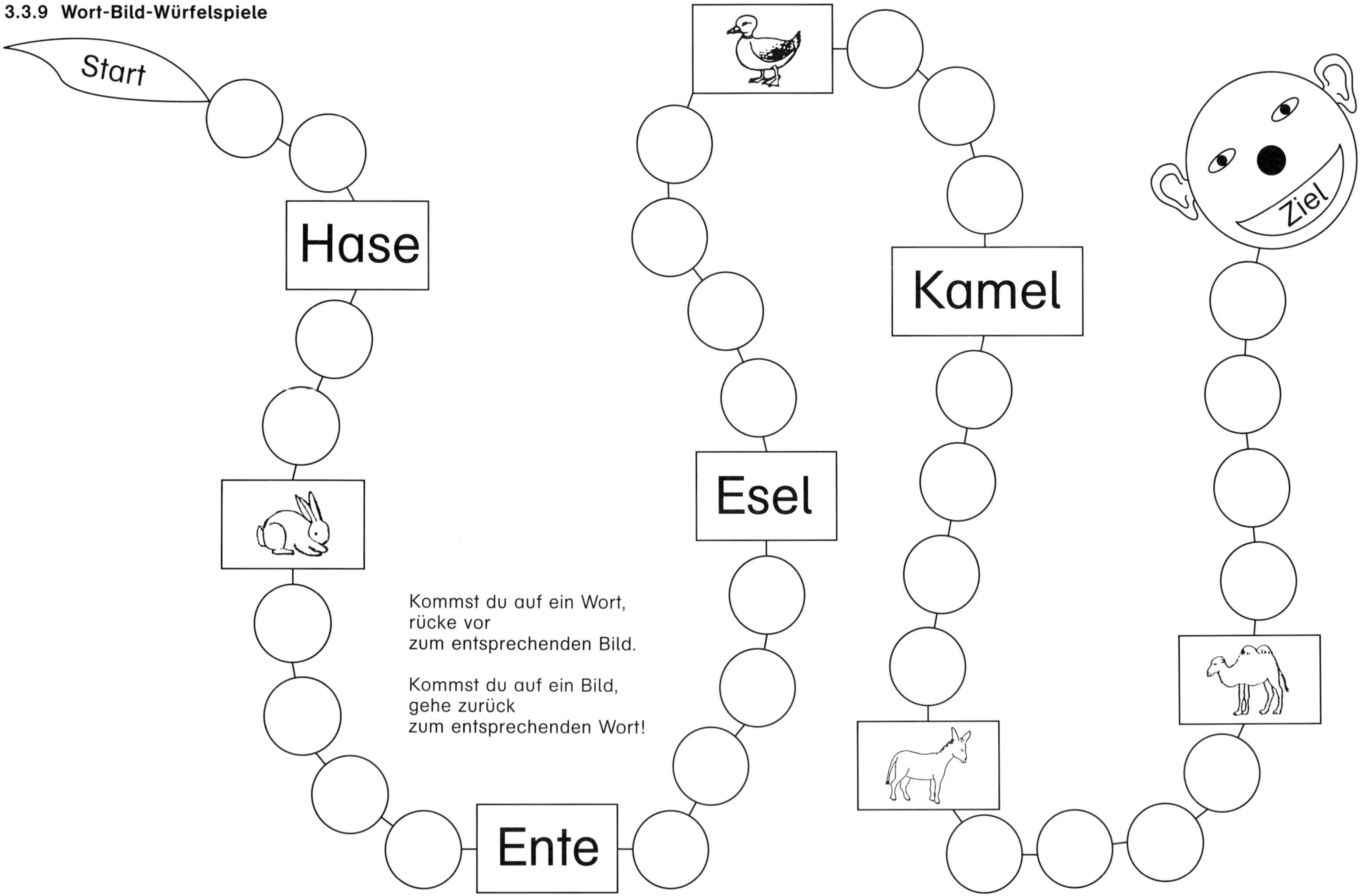

Kommst du auf ein Wort,
rücke vor
zum entsprechenden Bild.

Kommst du auf ein Bild,
gehe zurück
zum entsprechenden Wort!

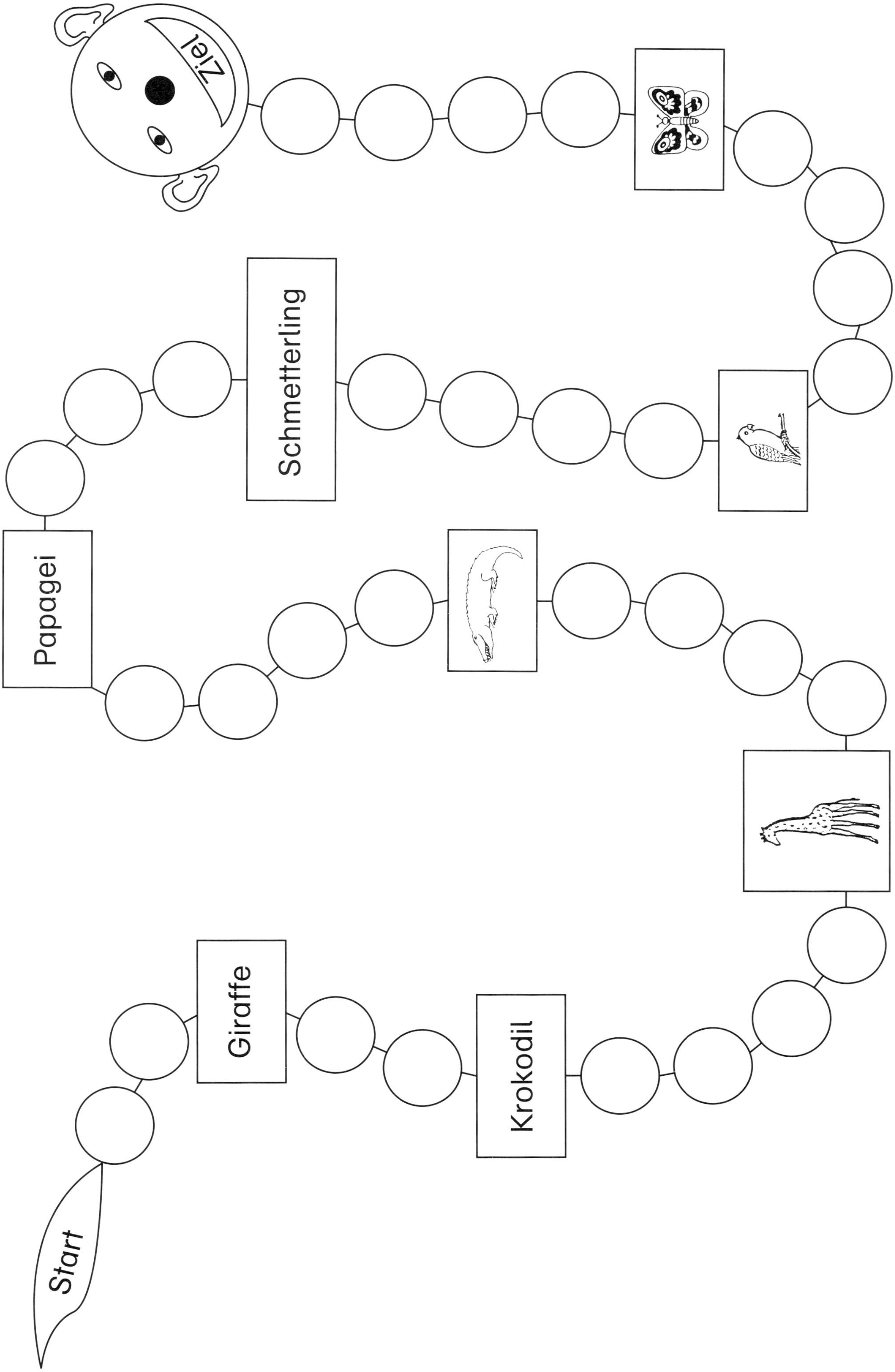
Start
Giraffe
Krokodil
Papagei
Schmetterling
Ziel

Ⓐ  Stock	 Puppe	 Suppe	 Tuch
 Buch	 Reiter	 Leiter	 Kanne
 Wanne	 Lamm	 Kamm	 Rose
 Dose	 Haus	 Maus	 Kopf
 Zopf	 Tisch	 Fisch	 Wurm
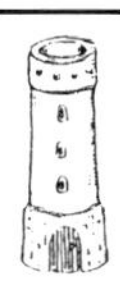 Turm	 Zahn	 Hahn	 Hase
 Nase	 Kuh	 Schuh	 Mund
 Hund	 Tonne	 Sonne	Ⓔ  Rock

Ⓐ Mantel	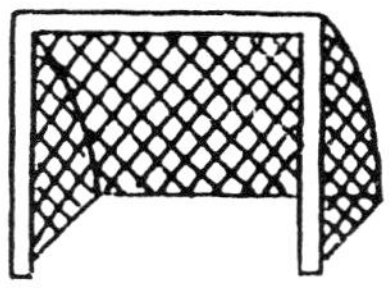	Tor	
Nest		Arm	
Saft	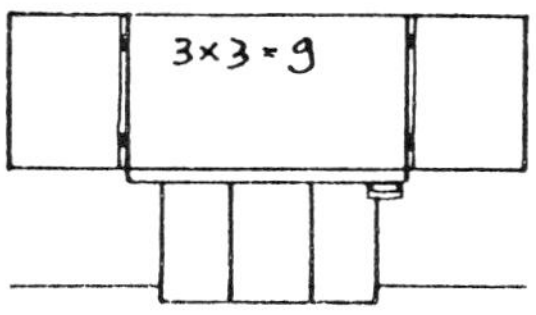	Tafel	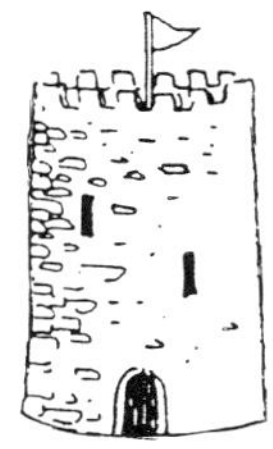
Turm		Esel	
Ente		Maler	
Lama		Salat	
Torte		Sofa	
Rose	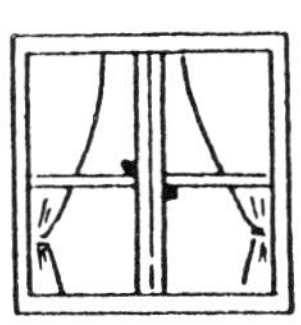	Fenster	Ⓔ 

Ⓐ Brot		Mond	
Haus		Hase	
Jgel		Maus	
Auge	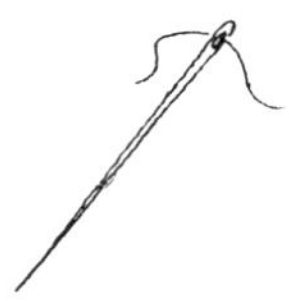	Nadel	
Gabel		Auto	
Baum		Blume	
Mauer		Besen	
Nagel		Birne	Ⓔ 

① Fisch	② Maus	③ Hund	④ Hahn

⑤ Hand	⑥ Ring	⑦ Brot	⑧ Mund

⑨ Baum	⑩ Nest	⑪ Tisch	⑫ Bett

⑬ Ball	⑭ Tor	⑮ Hut	⑯ Kamm
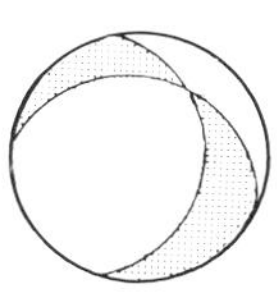	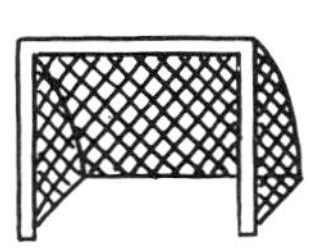		

① Jgel	② Hase	③ Ente	④ Affe

⑤ Hose	⑥ Mantel	⑦ Wolle	⑧ Faden
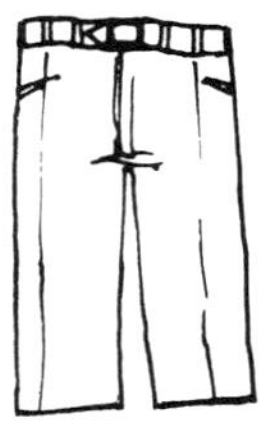			
⑨ Nadel	⑩ Schere	⑪ Hammer	⑫ Messer

⑬ Roller	⑭ Sonne	⑮ Tafel	⑯ Sessel
		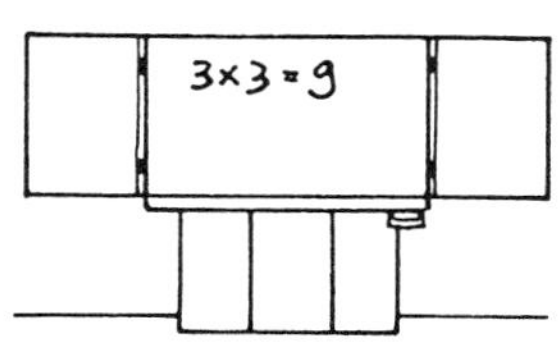	

① Telefon	② Pantoffel	③ Lineal	④ Regen- schirm
		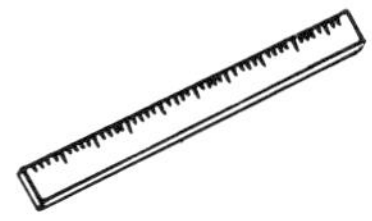	
⑤ Ananas	⑥ Banane	⑦ Tomate	⑧ Erdbeere

⑨ Trompete	⑩ Hampel- mann	⑪ Luftballon	⑫ Laterne
			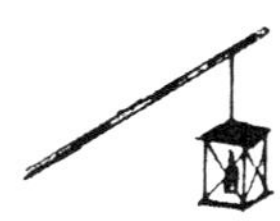
⑬ Giraffe	⑭ Elefant	⑮ Ameise	⑯ Krokodil

3.3.13 Lesescheiben-Hülle

3.3.13 Lesescheiben

Vorderseite

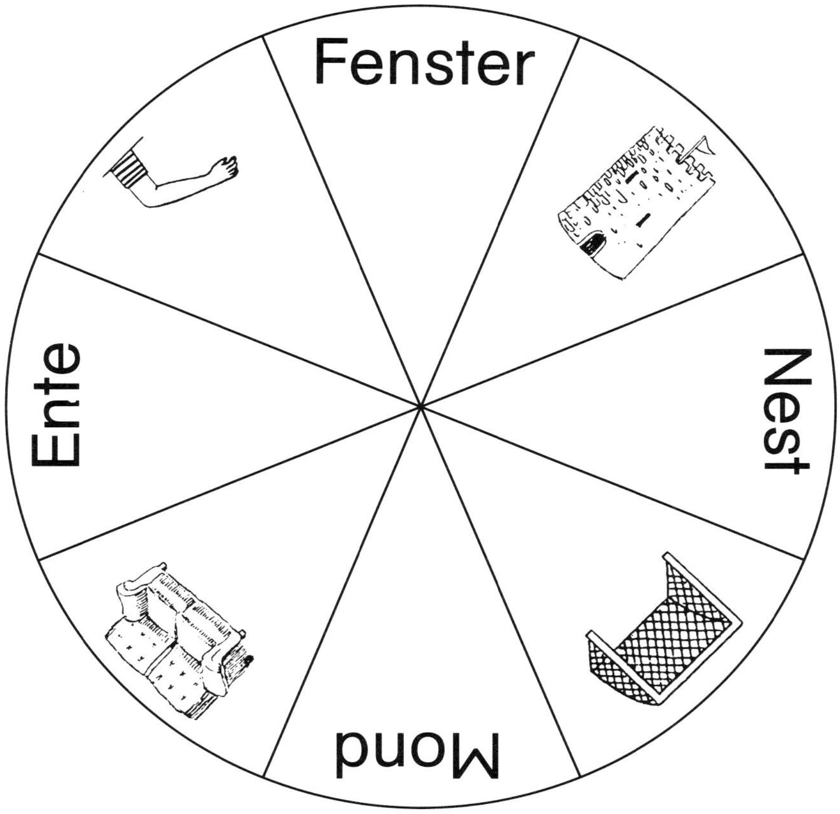

Rückseite

Vorderseite

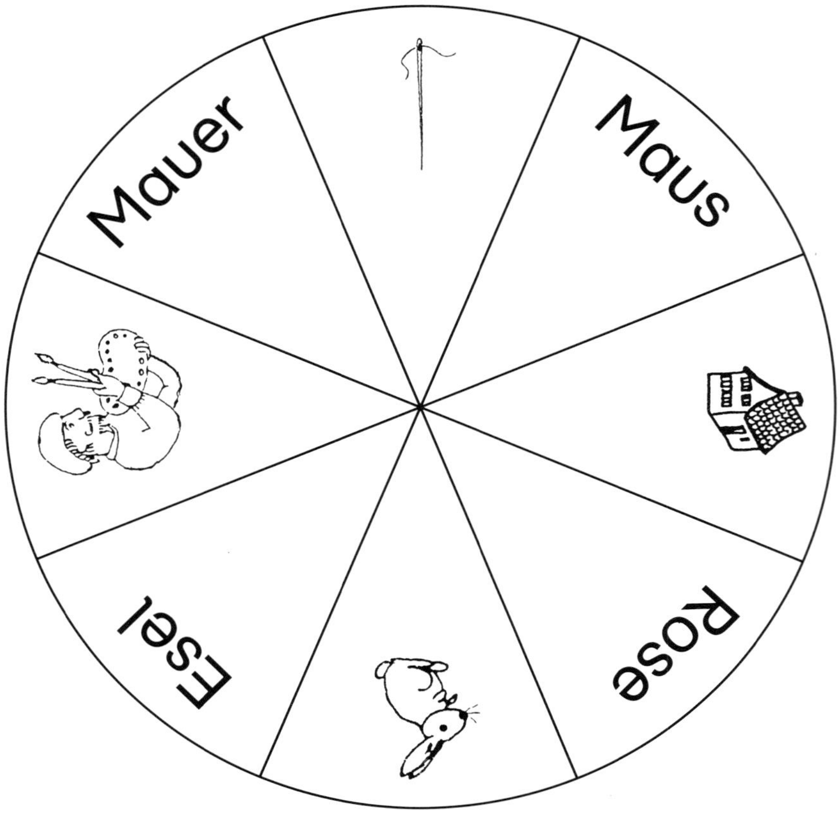

Rückseite

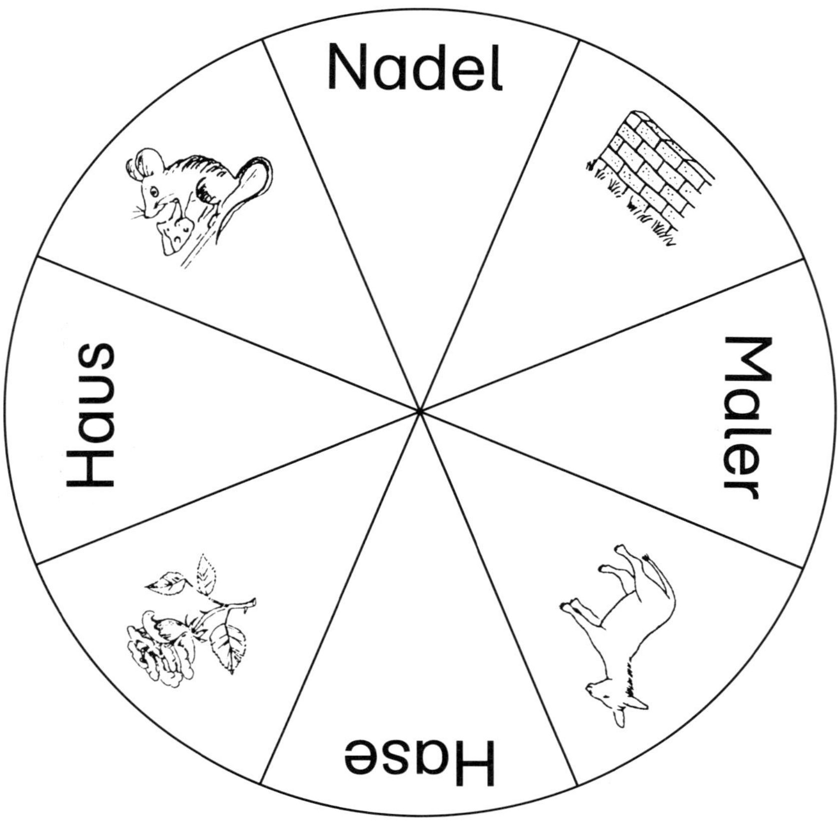

Vorderseite

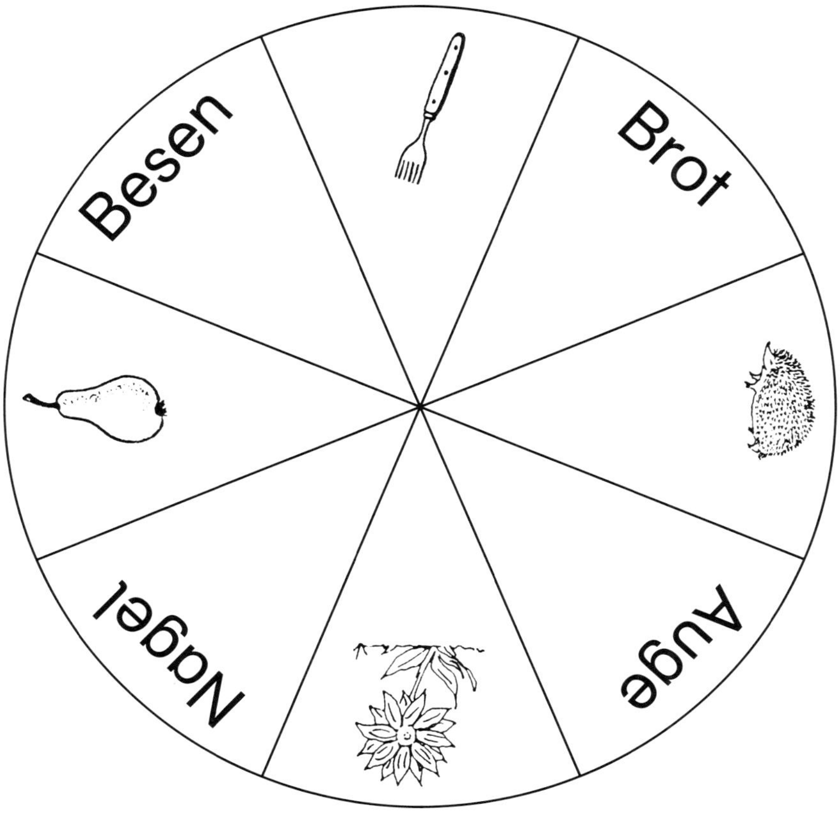

Rückseite

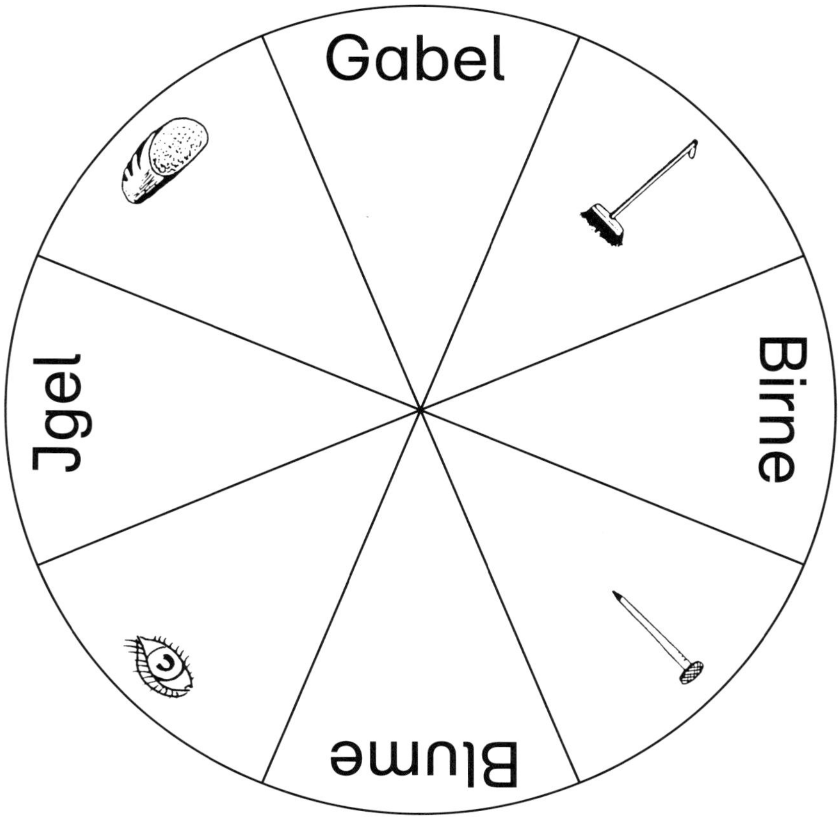

Vorderseite

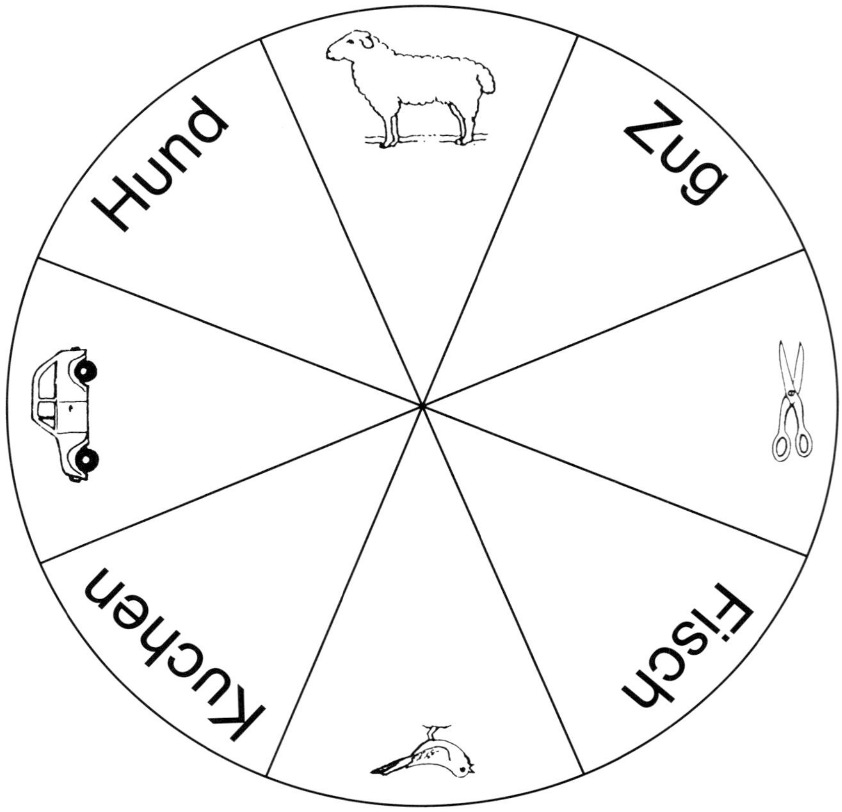

Rückseite

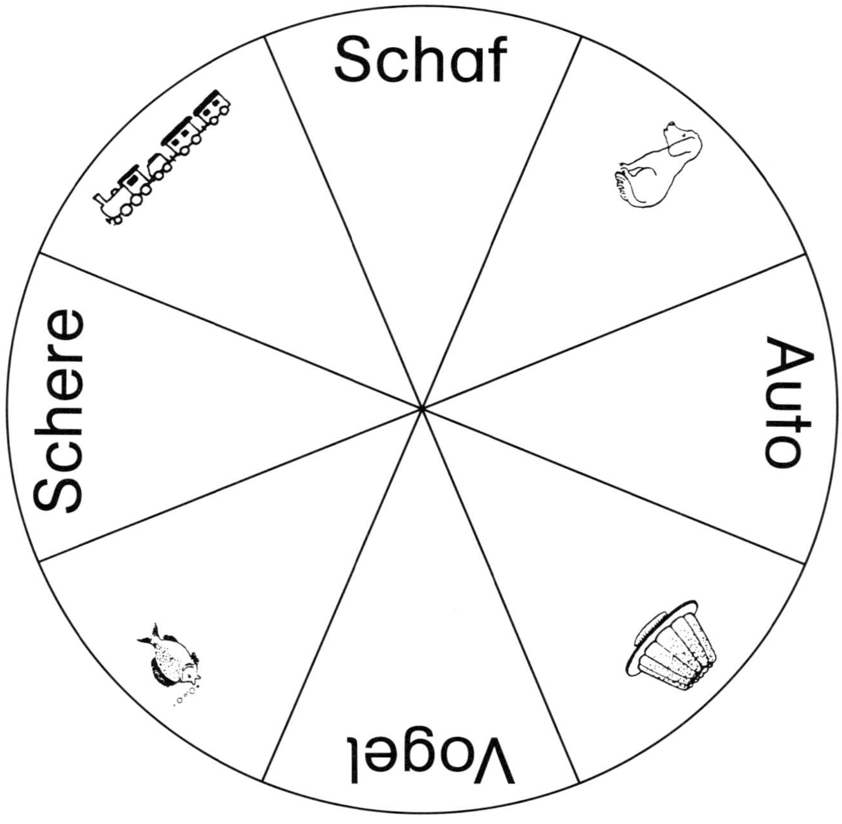

Vorderseite

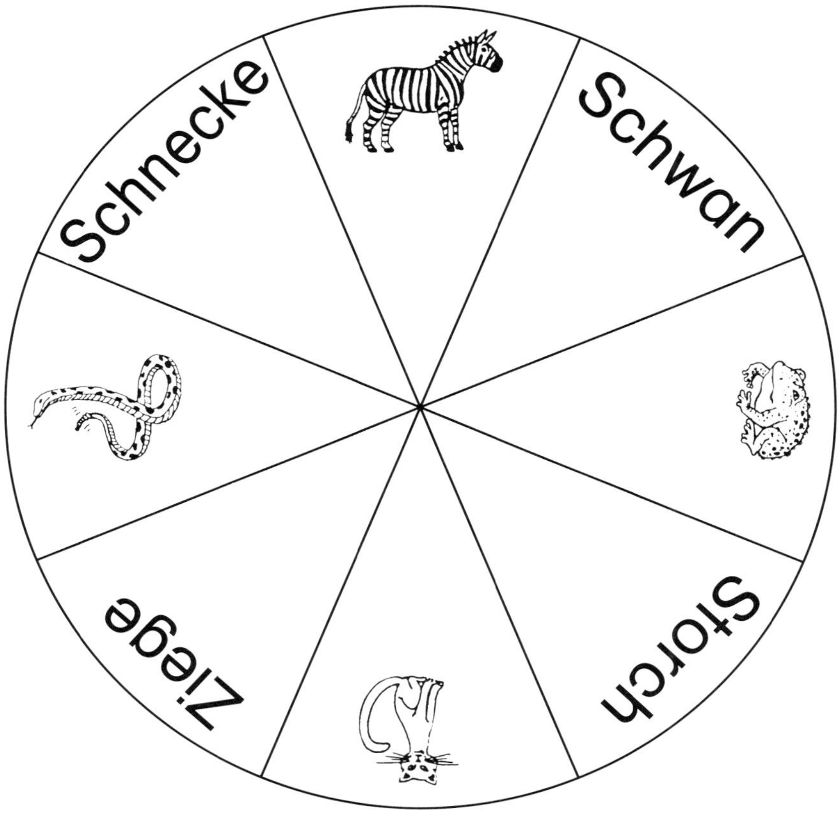

Rückseite

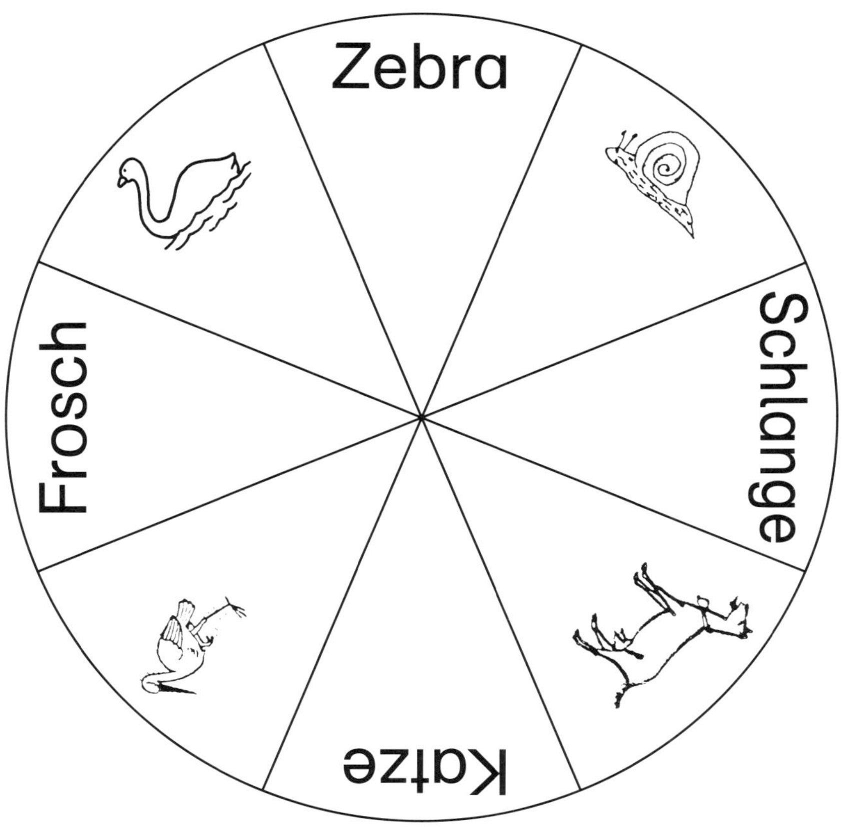

	Elefant		Esel
	Ente		Affe
	Ananas		Torte
	Trommel	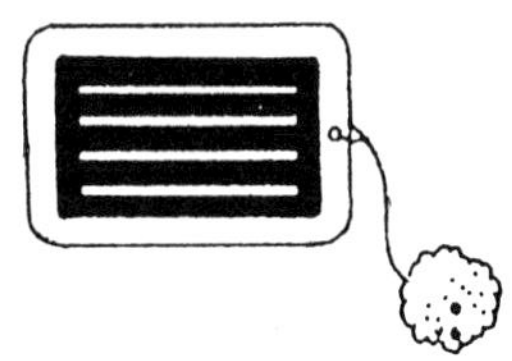	Tafel

	Blume		Sonne
	Birne	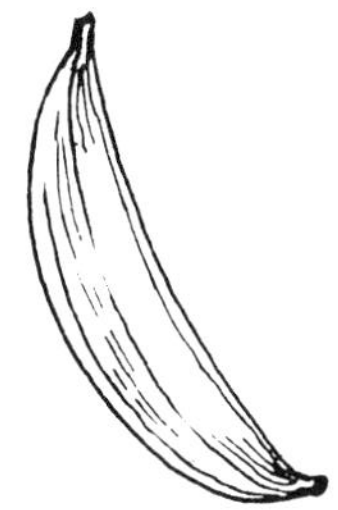	Banane
	Hund		Hase
	Nagel		Gabel

Feder
Faden
Fisch
Finger

Nadel
Note
Nagel
Nest

Schere
Schaukel
Schaf
Schuh

Faden
Fisch
Finger
Feder

Note
Nagel
Nest
Nadel

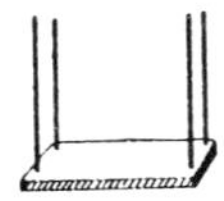

Schaukel
Schaf
Schuh
Schere

Fisch
Finger
Feder
Faden

Nagel
Nest
Nadel
Note

Schaf
Schuh
Schere
Schaukel

Finger
Feder
Faden
Fisch

Nest
Nadel
Note
Nagel

Schuh
Schere
Schaukel
Schaf

 **Mantel** Maus Mauer Mond	 **Birne** Baum Buch Blume	 **Haus** Hase Hund Hahn
 **Maus** Mauer Mond Mantel	 **Baum** Buch Blume Birne	 **Hase** Hund Hahn Haus
 **Mauer** Mond Mantel Maus	 **Buch** Blume Birne Baum	 **Hund** Hahn Haus Hase
 **Mond** Mantel Maus Mauer	 **Blume** Birne Baum Buch	 **Hahn** Haus Hase Hund

 **Rose** Raupe Ring Roller	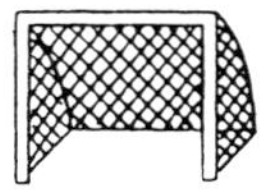 **Tor** Telefon Tomate Tisch	 **Kuh** Katze Kirsche Krone
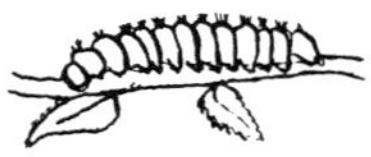 **Raupe** Ring Roller Rose	 **Telefon** Tomate Tisch Tor	 **Katze** Kirsche Krone Kuh
 **Ring** Roller Rose Raupe	 **Tomate** Tisch Tor Telefon	 **Kirsche** Krone Kuh Katze
 **Roller** Rose Raupe Ring	 **Tisch** Tor Telefon Tomate	 **Krone** Kuh Katze Kirsche

Papagei
Pinsel
Pantoffel
Puppe

Sofa
Salat
Saft
Sonne

Zug
Zaun
Zebra
Zwiebel

Pinsel
Pantoffel
Puppe
Papagei

Salat
Saft
Sonne
Sofa

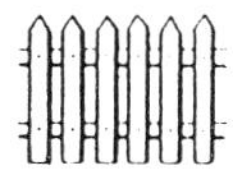

Zaun
Zebra
Zwiebel
Zug

Pantoffel
Puppe
Papagei
Pinsel

Saft
Sonne
Sofa
Salat

Zebra
Zwiebel
Zug
Zaun

Puppe
Papagei
Pinsel
Pantoffel

Sonne
Sofa
Salat
Saft

Zwiebel
Zug
Zaun
Zebra

3.3.16 „Platzhalter"-Häuser

① a 	② i 	③  s	④ g 
H _ se	G _ raffe	E _ el	J _ el
⑤ e 	⑥ f 	⑦ t 	⑧ m 
T _ lefon	O _ en	Au _ o	A _ pel
⑨ r 	⑩ o 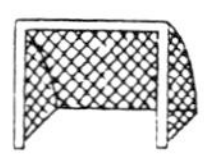	⑪ ü 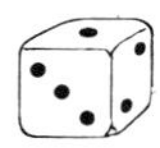	⑫ u 
D _ achen	T _ r	W _ rfel	B _ ch
⑬ p 	⑭ n 	⑮ l 	⑯ au 
A _ fel	A _ anas	B _ ume	B __ m

①  ei	②  sch	③  a	④  e
Papag ___	Fi _____	Zebr _	Ent _
⑤ 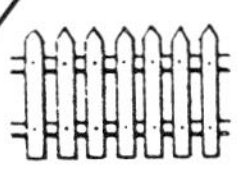 n	⑥  s	⑦ 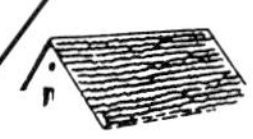 ch	⑧ 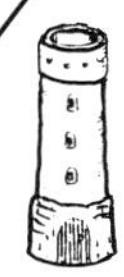 m
Zau _	Hau _	Da ___	Tur _
⑨  ck	⑩ 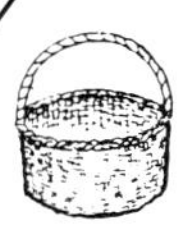 b	⑪  r	⑫  l
Sa ___	Kor _	Messe _	Löffe _
⑬  z	⑭  t	⑮  d	⑯  g
Pil _	Bro _	Mon _	Zwer _

3.3.17 „Platzhalter“-Karten

___ ffe ①	___ sel ②	___ olf ③

___ onne ④	___ omate ⑤	___ anane ⑥

___ iraffe ⑦	___ gel ⑧	___ ase ⑨

___ enster ⑩	___ oller ⑪	___ antel ⑫

A	E	W	S	T	B	G	J	H	F	R	M

Die Buchstaben ausschneiden und auf Wäscheklammern kleben!

Affe ①	**E**sel ②	**W**olf ③

Sonne ④	**T**omate ⑤	**B**anane ⑥

Giraffe ⑦	**J**gel ⑧	**H**ase ⑨

Fenster ⑩	**R**oller ⑪	**M**antel ⑫

Sche ___ e (1)	Ga ___ el (2)	Be ___ en (3)

Na ___ el (4)	Na ___ el (5)	Pa ___ et (6)
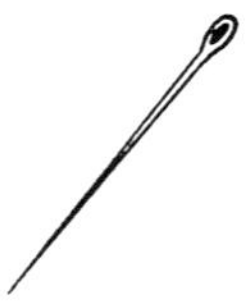		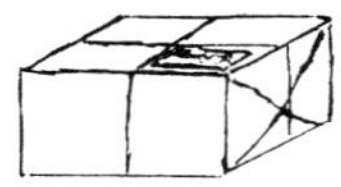
Li ___ eal (7)	Ta ___ el (8)	Lam ___ e (9)

Sa ___ at (10)	Blu ___ e (11)	Tor ___ e (12)

r	b	s	d	g	k	n	f	p	l	m	t

Die Buchstaben ausschneiden und auf Wäscheklammern kleben!

Sche**r**e ①	Ga**b**el ②	Be**s**en ③

Na**d**el ④	Na**g**el ⑤	Pa**k**et ⑥
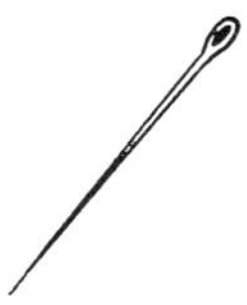		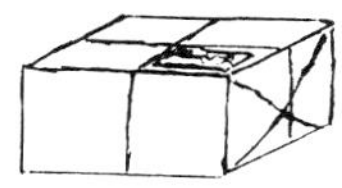
Li**n**eal ⑦	Ta**f**el ⑧	Lam**p**e ⑨

Sa**l**at ⑩	Blu**m**e ⑪	Tor**t**e ⑫

Sch ___ kel ①	P ___ ppe ②	Sch ___ ff ③
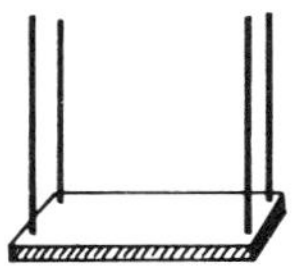		
Sch ___ ein ④	E ___ te ⑤	V ___ gel ⑥

T ___ ompete ⑦	G ___ ge ⑧	F ___ öte ⑨

G ___ bel ⑩	L ___ ffel ⑪	M ___ sser ⑫
	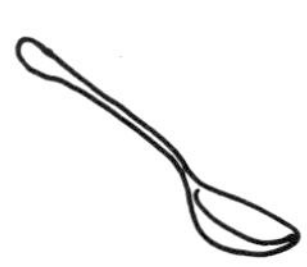	

au	u	i	w	n	o	r	ei	l	a	ö	e

Die Buchstaben ausschneiden und auf Wäscheklammern kleben!

Sch**au**kel ①	P**u**ppe ②	Sch**i**ff ③
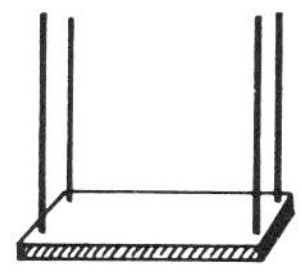		
Sch**w**ein ④	E**n**te ⑤	V**o**gel ⑥

T**r**ompete ⑦	G**ei**ge ⑧	F**l**öte ⑨

G**a**bel ⑩	L**ö**ffel ⑪	M**e**sser ⑫
	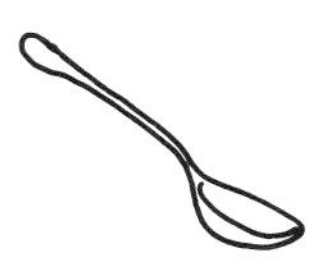	

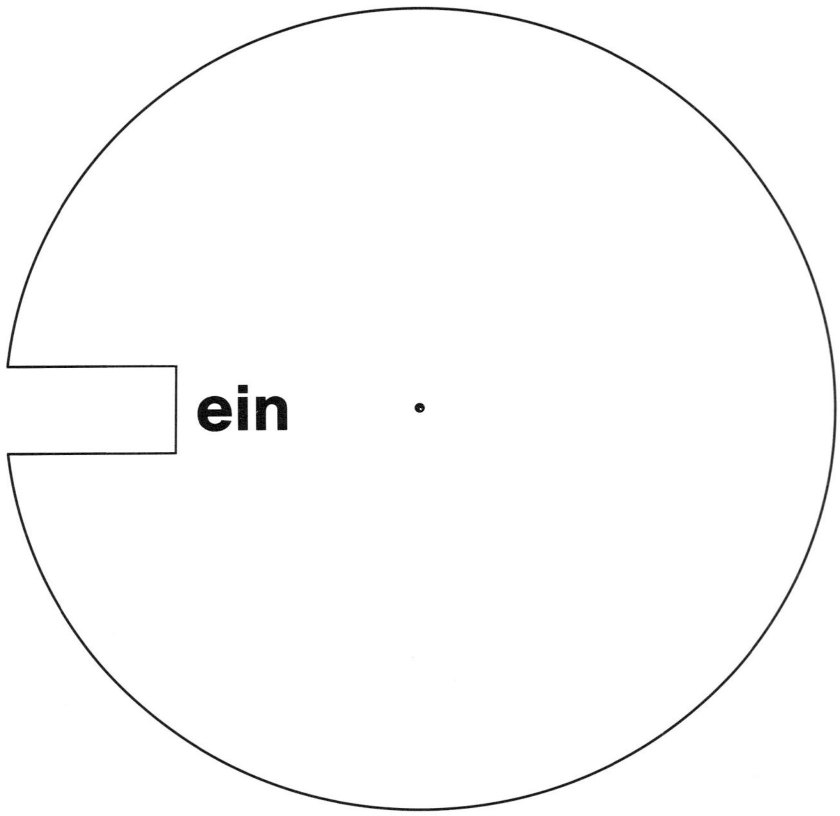
ein

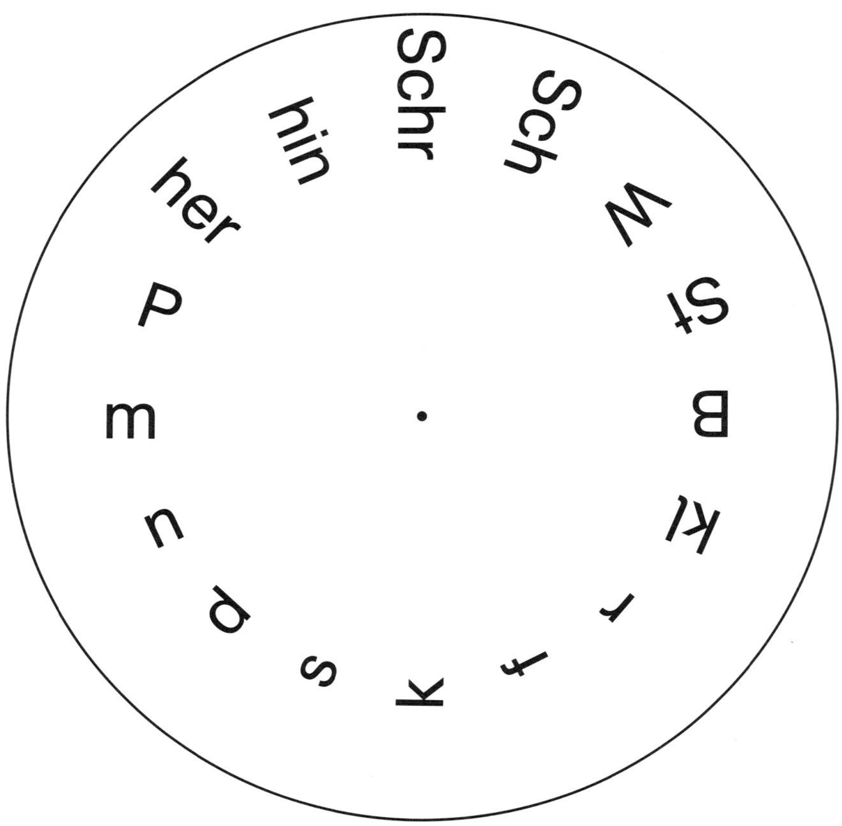
Schr
Sch
W
St
B
kl
r
f
k
s
m
P
her
hin

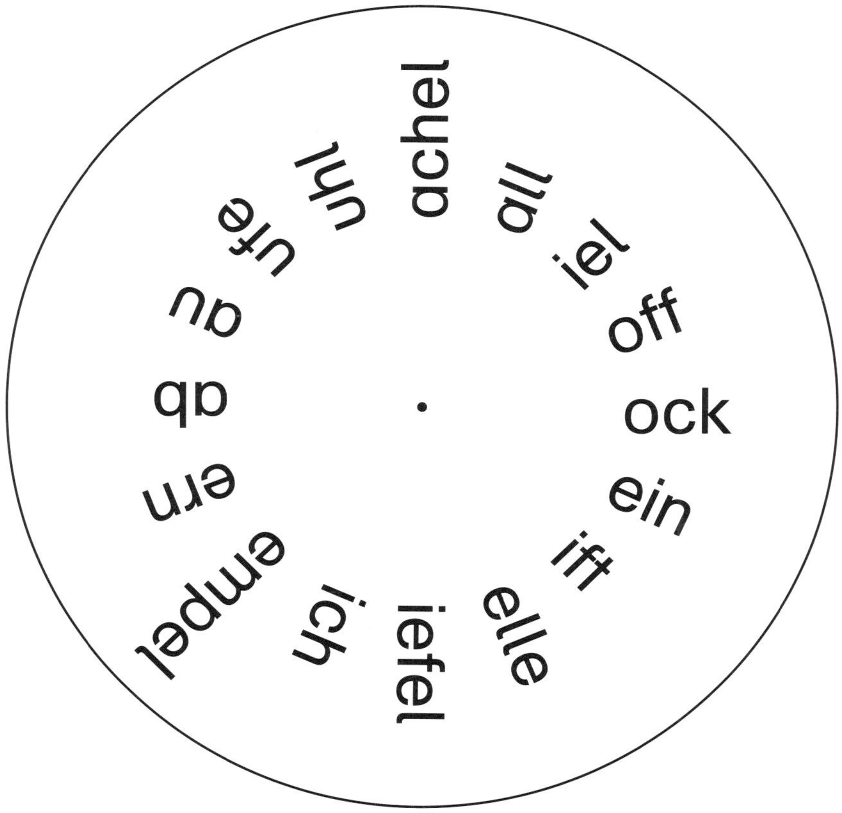
achel
all
iel
off
ock
ein
ift
elle
iefel
ich
empel
ern
ab
au
ute
uhl

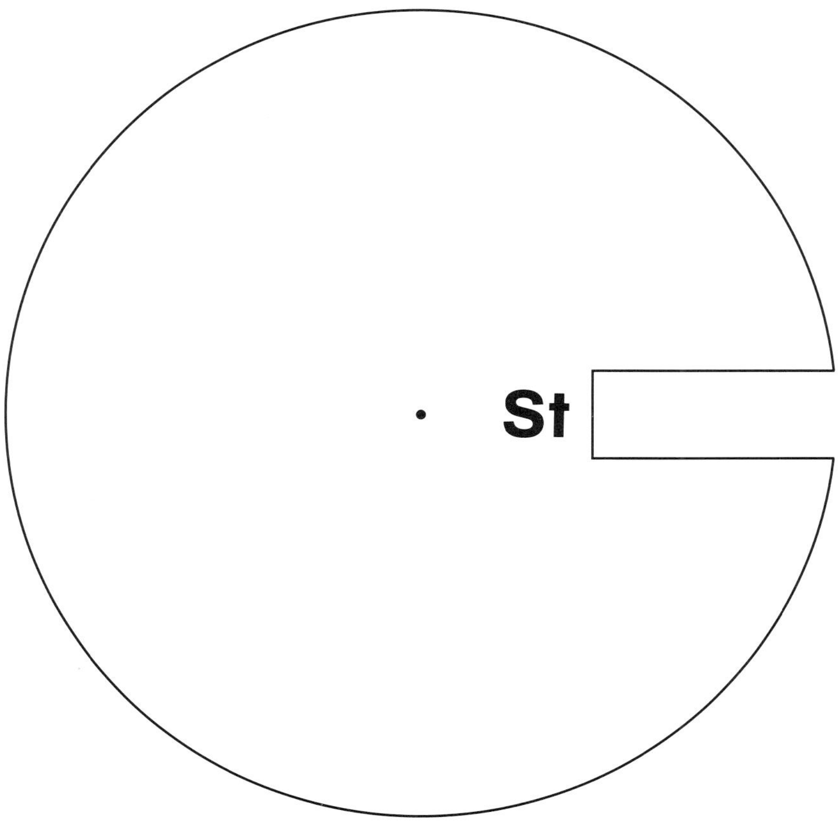
St

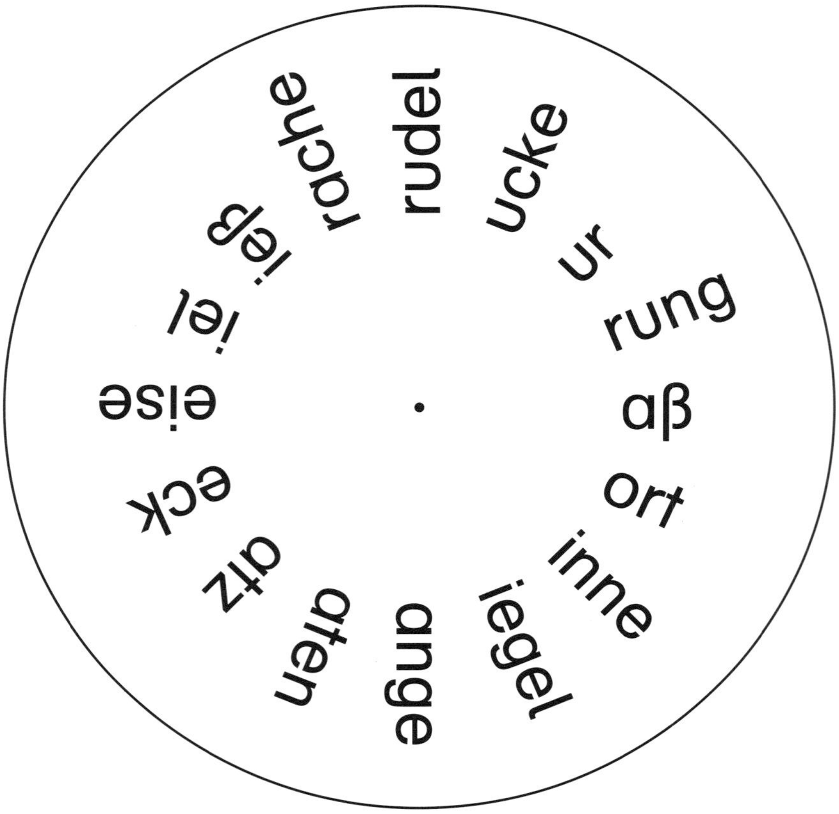
rudel
ucke
ur
rung
aß
ort
inne
iegel
ange
aten
atz
eck
eise
iel
ieß
rache

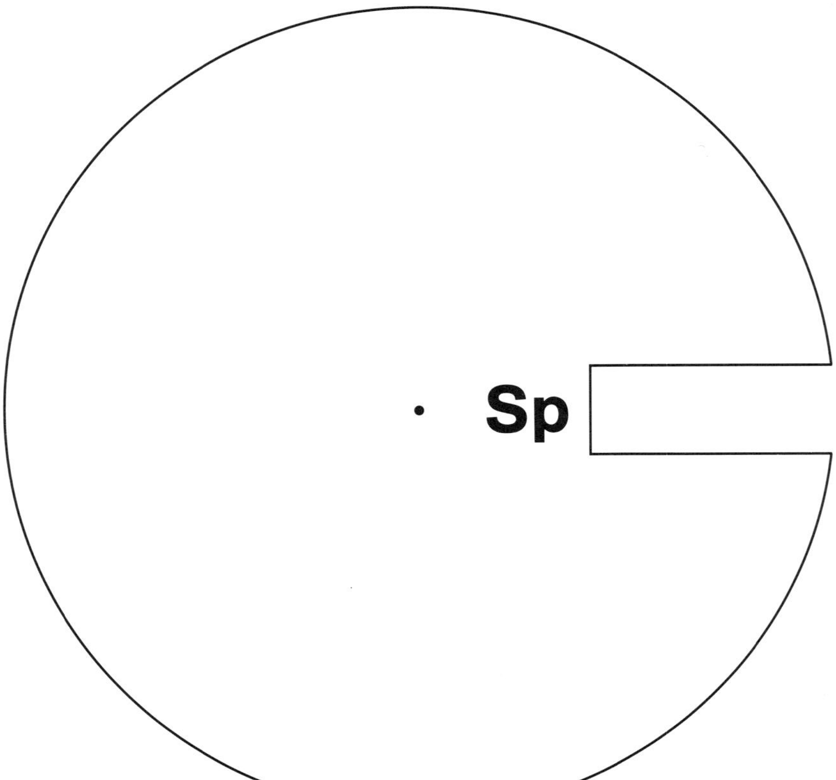
Sp

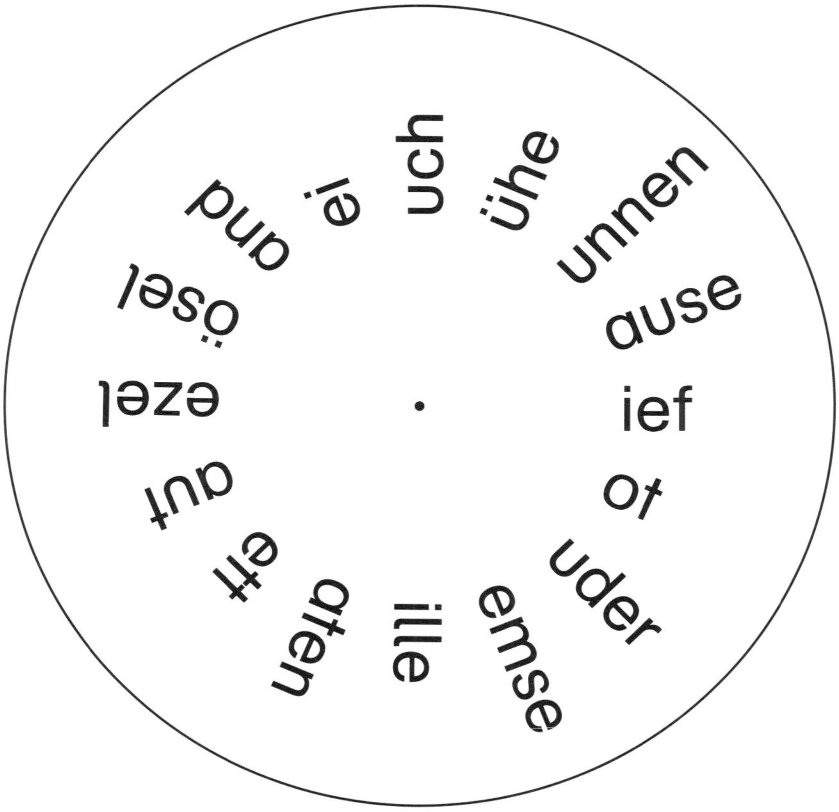
uch
ühe
unnen
ause
ief
ot
uder
emse
ille
aten
ett
aut
ezel
ösel
and
ei

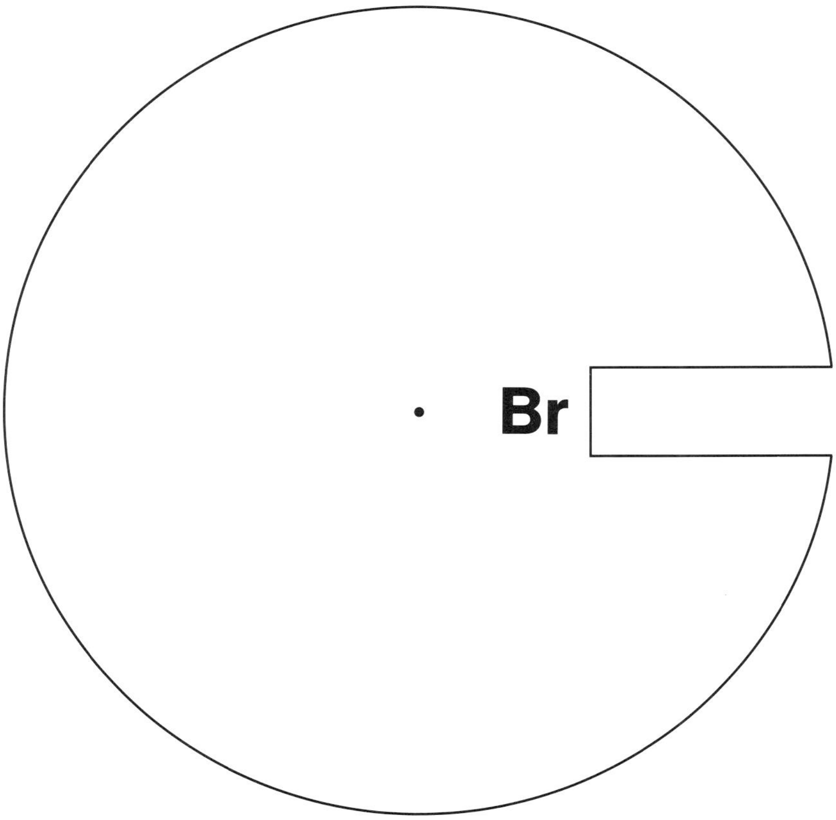
Br

1	Male einen Hund! Er ist braun und hat ein rotes Halsband.
2	Male eine Tafel! Male auf die Tafel eine Sonne und Sterne!
3	Male ein Haus! Neben dem Haus steht ein Apfelbaum.
4	Male eine Ampel! Die Ampel ist rot. Ein Auto wartet.
5	Male ein Kind! Es hat einen roten Anorak an.
6	Male ein Nest! Jm Nest sind drei hellblaue Eier.
7	Male eine Puppe! Jhre Haare sind braun, ihr Kleid ist rot.
8	Male einen Apfelbaum! Am Baum steht eine braune Leiter.
9	Male drei Blumen! Eine ist rot, eine blau, eine gelb.
10	Male einen Tisch! Auf dem Tisch steht ein Glas.
11	Male einen Mantel! Er ist braun und hat sechs Knöpfe.
12	Male eine schwarze Katze und eine graue Maus!
13	Male einen großen Ball mit roten und blauen Streifen!
14	Male zwei Bälle! Einer ist rot, der andere hat grüne Punkte.
15	Male zwei rote Äpfel und drei gelbe Birnen!
16	Male einen Zauberer mit einem schwarzen Zylinder!
17	Male eine hässliche Hexe! Sie reitet auf einem Besen.

3.3.20 Wander-Spiel

⊗ **Kreuze richtig an!**

○ Das ist ein Räuber.
○ Das ist ein Jäger.
○ Er hat ein Gewehr.
○ Er hat einen Rucksack.
○ Neben ihm sitzt eine Katze.
○ Neben ihm sitzt ein Hund.

⊗ **Kreuze richtig an!**

○ Das ist eine Hexe.
○ Das ist eine Nixe.
○ Sie hat einen Besen.
○ Sie hat einen Stock.
○ Jhr Rock hat Streifen.
○ Jhr Rock hat Flicken.

⊗ **Kreuze richtig an!**

○ Das ist ein Räuber.
⊗ Das ist ein Jäger.
⊗ Er hat ein Gewehr.
○ Er hat einen Rucksack.
○ Neben ihm sitzt eine Katze.
⊗ Neben ihm sitzt ein Hund.

⊗ **Kreuze richtig an!**

⊗ Das ist eine Hexe.
○ Das ist eine Nixe.
○ Sie hat einen Besen.
⊗ Sie hat einen Stock.
○ Jhr Rock hat Streifen.
⊗ Jhr Rock hat Flicken.

⊗ **Kreuze richtig an!**

- ◯ Der Räuber hat ein Gewehr.
- ◯ Der Räuber hat eine Pistole.
- ◯ Der Räuber hat einen Sack.
- ◯ Der Räuber hat einen Koffer.
- ◯ Am Hut ist eine Schleife.
- ◯ Am Hut ist eine Feder.
- ◯ Am Ärmel ist ein Knopf.
- ◯ Am Ärmel ist ein Flicken.

⊗ **Kreuze richtig an!**

- ◯ Der Nussknacker hat einen Stein.
- ◯ Der Nussknacker hat eine Nuss.
- ◯ Sein Mund ist offen.
- ◯ Sein Mund ist geschlossen.
- ◯ Auf dem Kopf ist ein Tuch.
- ◯ Auf dem Kopf ist ein Hut.
- ◯ Der Nussknacker hat Schuhe an.
- ◯ Der Nussknacker hat Stiefel an.

⊗ **Kreuze richtig an!**

○ Der Räuber hat ein Gewehr.
⊗ Der Räuber hat eine Pistole.
⊗ Der Räuber hat einen Sack.
○ Der Räuber hat einen Koffer.
○ Am Hut ist eine Schleife.
⊗ Am Hut ist eine Feder.
○ Am Ärmel ist ein Knopf.
⊗ Am Ärmel ist ein Flicken.

⊗ **Kreuze richtig an!**

○ Der Nussknacker hat einen Stein.
⊗ Der Nussknacker hat eine Nuss.
⊗ Sein Mund ist offen.
○ Sein Mund ist geschlossen.
○ Auf dem Kopf ist ein Tuch.
⊗ Auf dem Kopf ist ein Hut.
○ Der Nussknacker hat Schuhe an.
⊗ Der Nussknacker hat Stiefel an.

⊗ **Kreuze richtig an!**

- ○ Das ist ein Zauberer.
- ○ Das ist ein Clown.
- ○ Er hat einen Zylinder.
- ○ Er hat einen Zauberstab.
- ○ Sein Bart ist schwarz.
- ○ Sein Bart ist weiß.
- ○ Der Mantel ist eng.
- ○ Der Mantel ist weit.

⊗ **Kreuze richtig an!**

- ○ Das ist ein Zauberer.
- ○ Das ist ein Clown.
- ○ Er hat eine Trompete.
- ○ Er hat eine Trommel.
- ○ Seine Schleife hat Punkte.
- ○ Seine Schleife hat Streifen.
- ○ Der Clown lacht.
- ○ Er sieht traurig aus.

⊗ **Kreuze richtig an!**

⊗ Das ist ein Zauberer.
○ Das ist ein Clown.
⊗ Er hat einen Zylinder.
⊗ Er hat einen Zauberstab.
⊗ Sein Bart ist schwarz.
○ Sein Bart ist weiß.
○ Der Mantel ist eng.
⊗ Der Mantel ist weit.

⊗ **Kreuze richtig an!**

○ Das ist ein Zauberer.
⊗ Das ist ein Clown.
⊗ Er hat eine Trompete.
⊗ Er hat eine Trommel.
⊗ Seine Schleife hat Punkte.
○ Seine Schleife hat Streifen.
○ Der Clown lacht.
⊗ Er sieht traurig aus.